JN273911

オリンピック参加国名の由来がわかる

クイズとゴロで覚える
世界の国名と位置

都立西高等学校教諭
矢島舜孳著

古今書院

はじめに

平成元年改訂学習指導要領中学校地理的分野で「世界の国々」の小項目が設けられた。内容では「主な国の国名と位置を正しく身に付けさせる」、その数は解説で「主な国とは、数の上では世界の4分の1から3分の1の国々を一応の目安として考えるべきであろう」と示された。この学習は、中学校平成10年改訂学習指導要領地理的分野、中学校平成20年改訂学習指導要領地理的分野でも踏襲されている。

私は、平成元年度から高等学校1年次の地理学習で、4月に生徒がどのくらいの国名と位置を身に付けているか(以下、国名知識と呼ぶ)を調査し、その後の地理学習で、国名知識を身に付けさせる学習を取り入れ、地理学習終了時の学年末にどのくらいの国名知識を身に付けたかを調査してきた。あるクラスの入学時と学年末の個人別国名知識は、表1のようになっている。これをみると、生徒の国名知識は、入学時の平均は40か国程度、地理学習終了時の学年末では152か国程度となり、国名知識の大幅な増加がみられる。

国名知識の学習を進める中で、生徒が国名とその位置を身に付けるのに難しい国々があることに気づいた。例えば、バルト3国やペルシア湾南部の国々などである。このような国々の国名と位置を、一生忘れないように身に付けるには、ゴロ合わせて覚えることが効果的であることに気づいた。例えば、バルト3国は「フェラーリで南へ」と覚えれば北から南にフィンランド、エストニア、ラトビア、リトアニアであり、ペルシア湾南部の国々は「赤いバック」と覚えれば東からアラブ首長国、カタール、バーレーン、クウェートとなり、簡単に、一生忘れずに身に付くであろう。そこで、

表1 入学時と学年末の個人別国名知識

入学時	学年末	入学時	学年末
30	139	33	124
42	160	49	182
22	100	20	69
24	118	29	159
48	186	57	176
37	158	35	183
111	180	22	152
38	179	40	150
23	189	34	137
40	174	34	136
60	160	36	187
56	139	51	151
35	98	65	105
78	140	37	192
33	182	57	156
30	150	32	154
29	114	26	125
19	179	26	170
47	193	60	154
48	157	平均	
12	134	40	152

国名知識の学習を進める中で、ゴロ合わせによる国名とその位置の覚え方を収集するようになった。それらを中心にして、古今書院の関田さんのお奨めがあり、2009年に「ゴロで丸暗記 世界の国と位置」にまとめた。

その後、関田さんから、「ゴロで丸暗記 世界の国と位置」を基にして、「クイズ形式を取り入れ、さらに楽しく国名知識を身に付けることができるものを作ろう」とのご提案を頂いた。そこで、「ゴロで丸暗記 世界の国と位置」から国名知識を身に付けるために適したゴロを抽出し、クイズ形式を取り入れ、次にゴロ合わせを提示し、最後に簡単な地理的知識を追加して、楽しみながら、国名知識とともに地理的知識も身に付けられるよう工夫して、まとめた。

1 クイズとゴロを結びつけて、地理的知識も…第1章

最初にクイズ形式で、国名知識を確認できるようにした。クイズは、生徒が興味を持っているであろうと考えられる国の位置、国名などを考えた。

次に、国の位置を正確に身に付けられるようにゴロ合わせに

よる国の位置を示した。最初の疑問とゴロ合わせにより、確実に国名知識が身に付くものと期待している。

最後に、クイズの答えとともに、簡単に各国の説明を行った。これにより、より広がりのある国名知識が身に付けられると期待している。

2　紛らわしい国名とその位置を完璧にしよう…第2章

コンゴ民主共和国とコンゴ共和国、アイルランドとアイスランドなど、紛らわしい国名とその位置を身に付けるために、ここでもクイズを作成し、国名知識を確認させ、クイズの答えとともに、紛らわしい国名知識を身に付けるための工夫や方法を示した。例えば、アイスランドとアイルランドでは、アイスの付く方が北に位置するアイスランド、コンゴ共和国とコンゴ民主共和国では、字数の多いほうが面積の大きいコンゴ民主共和国などである。

3　ゴロで覚える首都名…第3章

「ゴロで覚える丸暗記　世界の国と位置」における首都名の覚え方では、各自が最も気に入ったゴロを使って覚えることを考えて複数のゴロを示した。しかし、今回は精選して最も覚えやすいと考えられるものを一つを示した。

4　国名の由来を知り、世界の国に興味・関心を…第4章

国名は、その国の地理的条件や社会的条件と関連している。例えば、フィリピンの「スペイン王子フィリッペの地」は、かつてスペインの植民地であったことを示している。それは、フィリピンは約80％の人々がカトリック信者であることと関連している。そのため、国名の由来とともに地理学習に役立つと考えられるものを、「地理学習に使える国名の由来」として、各ページの下段にまとめた。

5　首都名の由来を知り、世界の首都に興味・関心を…第5章

首都名も、地理的条件や社会的条件と関連している。例えば、タシケント「石の町」は気候や植生と、テヘラン「山麓地帯の端」はエルブールズ山脈と、レイキャビック「蒸気の立つ入江」は大西洋中央海嶺と、ホニアラ「南東風の吹くところ」は南半球に位置し、南東貿易風と、イスラマバード「イスラムの都市」はパキスタンがイスラム教徒の国であることなどである。

そのため、首都名の由来とともに、首都名の由来が地理学習に使えると考えられるものを「地理学習に使える首都名の由来」として各ページの下段にまとめた。

6　国名知識の重要性と必ず身に付く国名知識

現代世界を形成する基本単位は国家であり、それぞれの国家を尊重する態度を身に付けさせることが重要である。現在、世界には約196の国があり、その中には、面積の大きな国があれば非常に小さい国もあり、人口・経済力・資源保有・幸福度など様々で、非常に多様性に富んでいる。このような事を認識することが国家を尊重する第一歩となろう。そのためには、世界の約196か国を一通り全部見ておくことが、根本となろう。

人が興味・関心をもったり、考えたりする際には、なんらかの既得知識が必要である。国に関する既得知識があれば、そこで発生している様々な問題をとらえたり、考えたりする際の第一歩となる。

表2は、無作為抽出した勤務校の過去7年間の入学時と地理学習終了時の学年末に身に付けていた国名知識の数である。覚え方を示し、繰り返して学習することで、必ず多くの国名知識を身に付けることができる。

表2　身に付けた国の位置と国名の数

年　度	入学時	学年末
平成22年度	39.9	148.2
平成21年度	39.5	129.8
平成20年度	38.0	155.8
平成19年度	39.1	130.3
平成18年度	39.7	138.3
平成17年度	38.2	131.6
平成16年度	43.8	111.3
平　　均	39.7	135.4

目次

はじめに

第1章　クイズとゴロで覚える世界の国名と位置　　1

東南アジア1	「西から見たら壁」	2
東南アジア2	「鱈弁当で乾杯」	3
東南アジア3	「たましい（魂）」	4
南・東南アジア1	「稲、分配で、皆たらふく食べたのか」	5
南・東南アジア2	「ぱーと威張ってみたいか」	6
南・西・中央アジア	「パアトウカー来た」	7
中央アジア	「父さん、母さん、来た」	8
西アジア1	「買うと？いや、いらん」	9
	「愛のあるイラン、いいよ」	
西アジア2	「砂漠の石、きれいよ」	10
西アジア3	「歳のわりに、きれいよ」	11
西アジア4	「赤いバック」	12
西アジア5	「あら、おまえさん、イケメンね」	13
カフカス諸国	「グルメ、美味しいもの、あるあるぜ！」	14
アフリカ1	「北アフリカエリア中のもろもろの国」	15
アフリカ2	「たばこは、もう毎日吸えない」	16
アフリカ3	「そっけない態度、もうするなよ」	17
アフリカ4	「エジソン、やけに頭がいい」	18
アフリカ5	「アフリカ中央のウルフ（狼）」	19
アフリカ6	「尻こがし、飛べない亀」	20
アフリカ7	「背が高いギニアビサウの技師、利口ね」	21
アフリカ8	「ココアがない」	22
	「穴ぼこ」	
アフリカ9	「神通力なし、ざあーと波をかぶって沈没」	23
アフリカ10	「スミレ」	24
インド洋の国々	「安全は、スモールセコモ」	25
ヨーロッパ1	「電動のオートベル（鐘）」	26
ヨーロッパ2	「北欧でも夏はノースリーブ」	27
ヨーロッパ3	「フェラーリで南へ」	28
ヨーロッパ4	「ポチを椅子からどかす」	29

ヨーロッパ 5	「ポチ、座る」	30
ヨーロッパ 6	「雄の狂ったボスとの戦争も困る」	31
ヨーロッパ 7	「ギリシアのブルウベリー」	32
ヨーロッパ 8	「あー、森さん、馬鹿丸出し」	33
北アメリカ 1	「パン粉にエッグ、本当にベリーグッド」	34
北アメリカ 2	「バキバキの音、ジハードの戦い」	35
北アメリカ 3	「鳥くれば、ピンセットをセットしてどうにかあーせんと」	36
南アメリカ 1	「エコを進めるラスベガス」	37
オセアニア 1	「マミーのパパ、泣きそうだ」	38
オセアニア 2	「春はみまかり、泣きながら卒業さ」	39
オセアニア 3	「日本の蕎麦と布団が普及？」	40

第2章 紛らわしい国名とその位置を確認しよう　　　　　41

紛らわしい国名とその位置 1　　　　　42
- Q1　アイスランドとアイルランド
- Q2　アルバニアとアルメニア
- Q3　アンドラとアンゴラ

紛らわしい国名とその位置 2　　　　　43
- Q4　イラクとイラン
- Q5　チェコとチャド
- Q6　エストニアとエリトリア

紛らわしい国名とその位置 3　　　　　44
- Q7　リトアニアとリベリア
- Q8　赤道ギニア、ギニア、ギニアビサウ
- Q9　コソボとコモロ

紛らわしい国名とその位置 4　　　　　45
- Q10　コンゴ共和国とコンゴ民主共和国
- Q11　スロバキアとスロベニア
- Q12　セネガルとセルビア

紛らわしい国名とその位置 5　　　　　46
- Q13　ウルグアイとパラグアイ
- Q14　ドミニカ共和国とドミニカ国
- Q15　パナマとバハマ

紛らわしい国名とその位置 6　　　　　47
- Q16　ブルガリア、ブルキナファソ、ブルネイ、ブルンジ
- Q17　モザンビーク、モナコ、モルディブ、モーリシャス、モロッコ、モンゴル、モンテネグロ

紛らわしい国名とその位置 7　　　　　48

         Q18　グルジアとグレナダ
         Q19　インドとインドネシア
         Q20　ソマリアとソロモン
         Q21　ボツワナ、ボリビア、ボスニア・ヘルツェゴビナ
         Q22　オーストラリアとオーストリア
         Q23　トルコとトンガ
         Q24　キリバスとキルギス

第30回オリンピック2012年ロンドン開会式予想入場順その1　　50

第3章　首都名・その覚え方と位置　　51
　　東アジア　首都名・その覚え方と位置　　52
　　東南アジア　首都名・その覚え方と位置　　53
　　南アジア　首都名・その覚え方と位置　　54
　　中央アジア　首都名・その覚え方と位置　　55
　　西アジア　首都名・その覚え方と位置（その1、その2）　　56
　　アフリカ　首都名・その覚え方と位置（その1、その2、その3、その4）　　58
　　ヨーロッパ　首都名・その覚え方と位置（その1、その2、その3）　　62
　　カフカス諸国　首都名・その覚え方と位置　　65
　　北アメリカ　首都名・その覚え方と位置（その1、その2）　　66
　　南アメリカ　首都名・その覚え方と位置　　68
　　オセアニア　首都名・その覚え方と位置　　69

第30回オリンピック2012年ロンドン開会式予想入場順その2　　70

第4章　国名（正式国名）・その由来と地理学習　　71
　　東アジア　国名・その由来　　72
　　東南アジア　国名・その由来　　73
　　南アジア　国名・その由来　　74
　　中央アジア　国名・その由来　　75
　　西アジア　国名・その由来（その1、その2）　　76
　　アフリカ　国名・その由来（その1、その2、その3、その4）　　78
　　ヨーロッパ　国名・その由来（その1、その2、その3）　　82
　　カフカス諸国　国名・その由来　　85
　　北アメリカ　国名・その由来（その1、その2）　　86
　　南アメリカ　国名・その由来　　88
　　オセアニア　国名・その由来　　89

第30回オリンピック 2012年ロンドン開会式予想入場順 その3　　　　　　　90

第5章　首都名・その由来と地理学習　　　　　　　91
　　東・東南アジア　首都名・その由来　　　　　　　92
　　南アジア　首都名・その由来　　　　　　　93
　　中央アジア　首都名・その由来　　　　　　　94
　　西アジア　首都名・その由来（その1、その2）　　　　　　　95
　　アフリカ　首都名・その由来（その1、その2、その3、その4）　　　　　　　97
　　ヨーロッパ　首都名・その由来（その1、その2、その3）　　　　　　　101
　　カフカス諸国　首都名・その由来　　　　　　　104
　　北アメリカ　首都名・その由来（その1、その2）　　　　　　　105
　　南アメリカ　首都名・その由来　　　　　　　107
　　オセアニア　首都名・その由来　　　　　　　108

第30回オリンピック 2012年ロンドン開会式予想入場順 その4　　　　　　　109

　　おわりに　　　　　　　111

東南アジアから南アジア、中央アジア、西アジア、カフカス諸国、アフリカ（10頁も）、インド洋の国々、ヨーロッパ、北アメリカ、南アメリカ、オセアニア、まで全40頁にまとめました。

第1章
クイズとゴロで覚える
世界の国名と位置

経済発展著しいタイと非暴力の民主化運動指導者スーチーさんのミャンマー。それぞれどこ？
東南アジアの電力供給国・ラオス、アンコール遺跡のカンボジア、それぞれどこ？
タイから南の3か国は宗教が異なるよ。世界最大のイスラム教徒が生活するインドネシアはどこ？
世界の主要稲作地域、インドからカンボジアまでの国で、米の輸出国第1位のタイはどこ？
ヒマラヤ山脈の内陸国・ネパール・ブータンは、どちらが西かな？ネパールはどこ？

ぱーと威張ってみたいか＝パキスタン→インド→バングラデシュ→ミャンマー→タイ→カンボジア

パキスタンから時計回りに「パアトウカー来た」だよ。

日本人宇宙飛行士・野口さん、古川さんはロシアのロケットでバイコヌール宇宙基地から宇宙へ。バイコヌール宇宙基地のある国は？

カザフスタンから「買うと？いや、いらん」
サウジアラビアからヨルダンまで。人口約21万人の小さな国だが石油産出で潤うクウェートはどこ？
「砂漠の石、きれいよ」

など

東南アジア1

経済発展著しいタイと非暴力の民主化運動指導者スーチーさんのミャンマー。それぞれ①〜⑤のどこ？

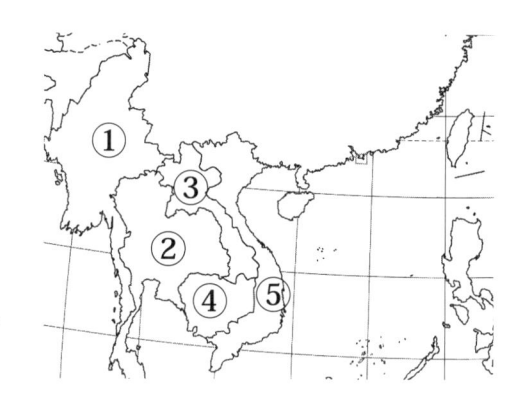

☆東南アジアの主な国は、「西から見たら壁」だよ。

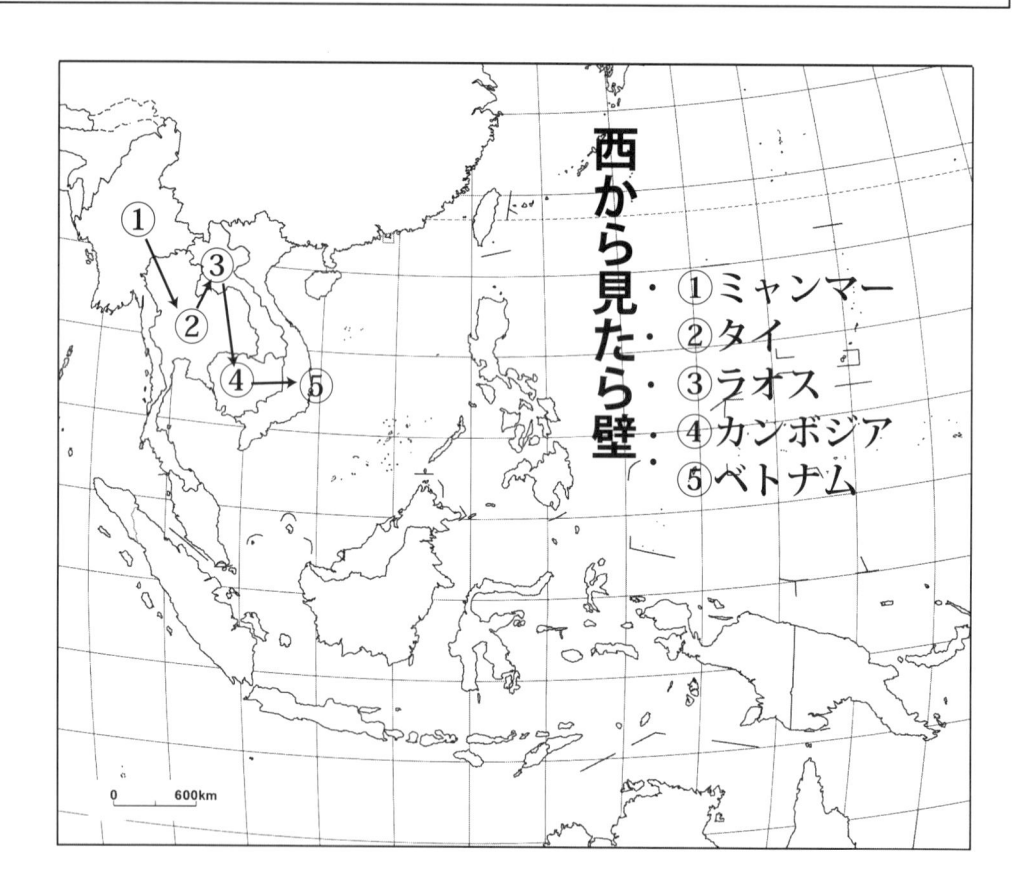

西から見たら壁
- ①ミャンマー
- ②タイ
- ③ラオス
- ④カンボジア
- ⑤ベトナム

タイの正式国名は「タイ王国」で、人々の王室に対する尊敬は強く、不敬罪がある。東南アジア有数の工業国だが、政情は不安定。
　ミャンマーは、軍事政権前の1989年まではビルマであった。2012年までは軍事政権が強力であったが、以降、民主化が進められ、スーチーさんの軟禁は解除された。

タイが②.
ミャンマーが①.

気に入ったフレーズで覚えよう

第1章　クイズとゴロで覚える世界の国名と位置　3

東南アジア2

> 東南アジアの電力供給国・ラオス、アンコール遺跡のカンボジア、それぞれ①〜④のどこ?

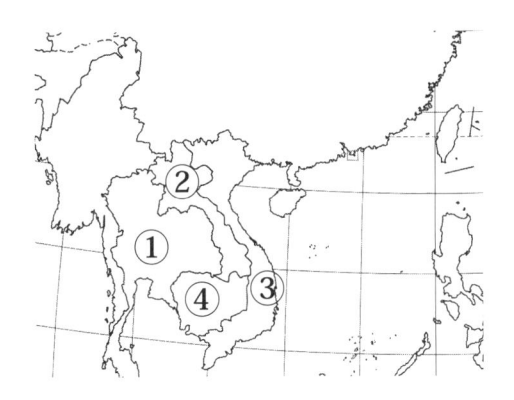

☆タイから時計回りに「**鱈弁当で乾杯**」だよ。

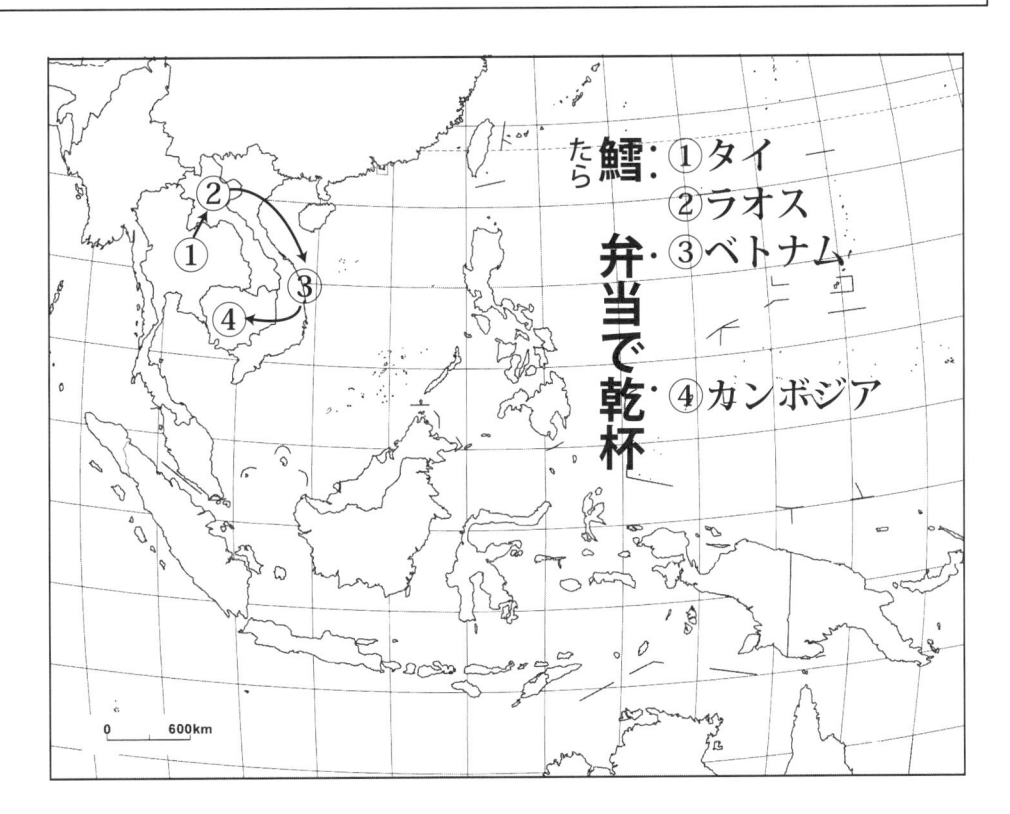

鱈（たら）:①タイ
②ラオス
弁・③ベトナム
当で
乾・④カンボジア
杯

　東南アジアのバッテリー国・内陸国のカンボジア。メコン川支流に日本の援助でナムグムダムが建設され、その電力をタイなどに輸出している。
　カンボジアの由来「カボチャ」は俗説。カンプー土の子どもたちを意味する「カンプーシャ」。アンコールの遺跡は、12世紀前半建立のヒンドゥー寺院のあるアンコールワットと、12世紀後半建立の仏教寺院のあるアンコールトムをいう。

ラオスが②、
カンボジアが④

東南アジア3

> タイから南の3か国は宗教が異なるよ。世界最大のイスラム教徒が生活するインドネシアは、①〜④のどこ？

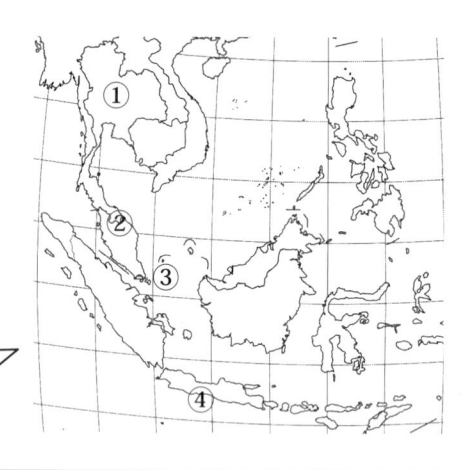

☆タイから南に「たましい（魂）」だよ。

た・①タイ
ま・②マレーシア
し・③シンガポール
い・④インドネシア
（魂）

タイは上座仏教、マレーシアはイスラム教スンニ派、シンガポールは大乗仏教、インドネシアはイスラム教スンニ派が多い。
インドネシアの人口は約2.3億人で世界第4位。その約86％がイスラム教スンニ派で、世界最大のイスラム教徒を有する国。

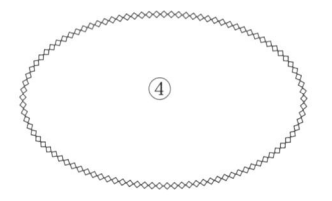

④

気に入ったフレーズで覚えよう

第1章　クイズとゴロで覚える世界の国名と位置　5

南・東南アジア1

Ⅰ　世界の主要稲作地域、インドからカンボジアまでの国で、米の輸出国第1位のタイは、①〜⑨のどこ？

Ⅱ　ヒマラヤ山脈中の内陸国・ネパール・ブータンは、どちらが西かな？ネパールは①〜⑨のどこ？

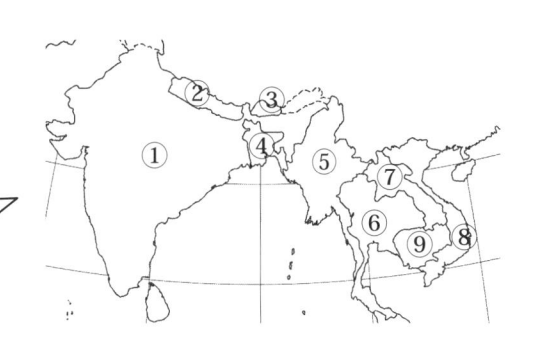

☆インドから「稲、分配で、皆たらふく食べたのか」だよ。

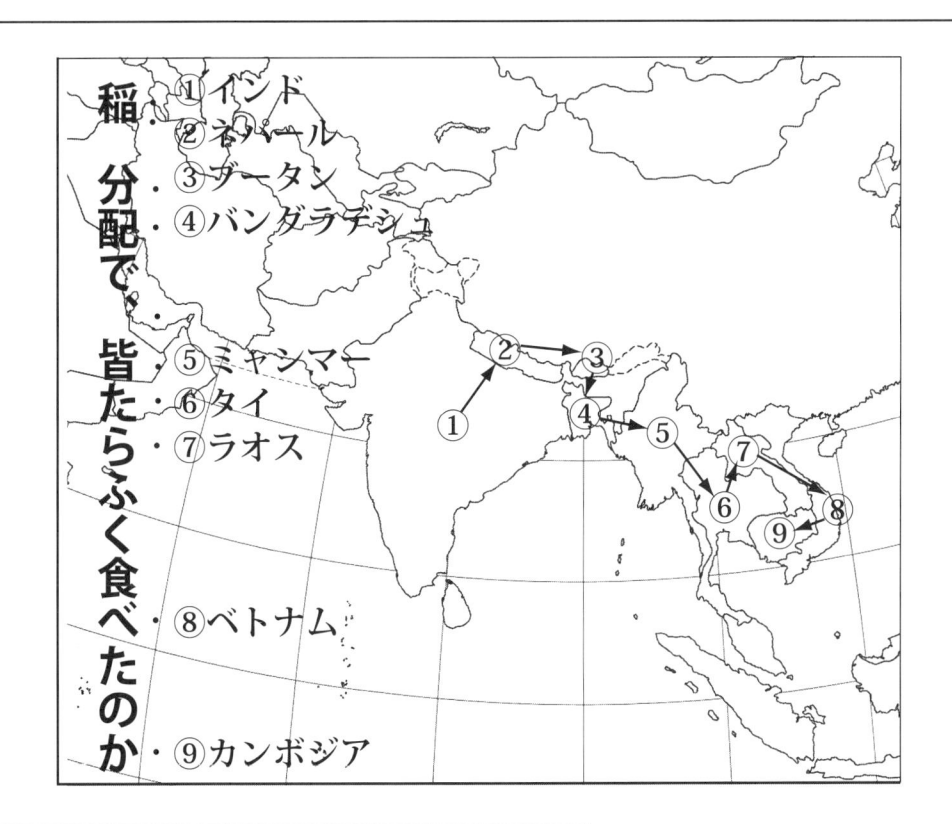

稲・①インド
・②ネパール
分配・③ブータン
で・④バングラデシュ
皆・⑤ミャンマー
た・⑥タイ
ら・⑦ラオス
ふく食べ・⑧ベトナム
たのか・⑨カンボジア

稲の原産地は、インド北部から東南アジア北部にかけての地域。「緑の革命」で、各国の米の収穫量が増加し、インド・ベトナムは米の輸出国になった。
国別米収穫量（2000年）
1　中国　2　インド　3　インドネシア

国別米輸出量（2009年）
1　タイ　2　ベトナム　3　アメリカ　4　パキスタン
5　インド

Ⅰ　タイが⑥
Ⅱ　ネパールが西、ブータンが東。ネパールは②

南・東南アジア2

2050年頃には、インドは世界第1位の人口に、パキスタンは世界第4位の人口になると予測されている。南アジアには、パキスタン・インド・バングラデシュと1億人を超える国が隣りあっている。
バングラデシュは人口密度1045人／km²と超過密国。日本は334人／km²。(2011年)
①〜⑥のなかで、パキスタンとバングラデシュはどこ？

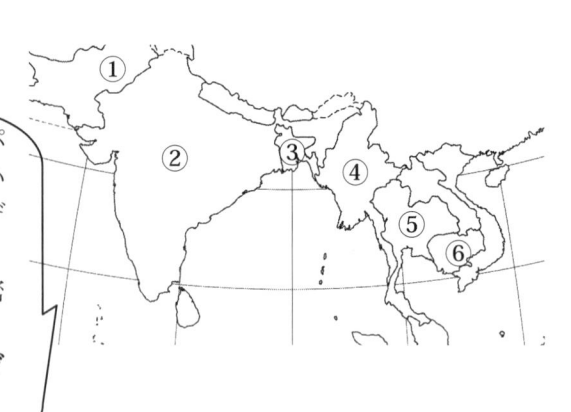

☆パキスタンからカンボジアまで、
「ぱーと威張ってみたいか」だよ。

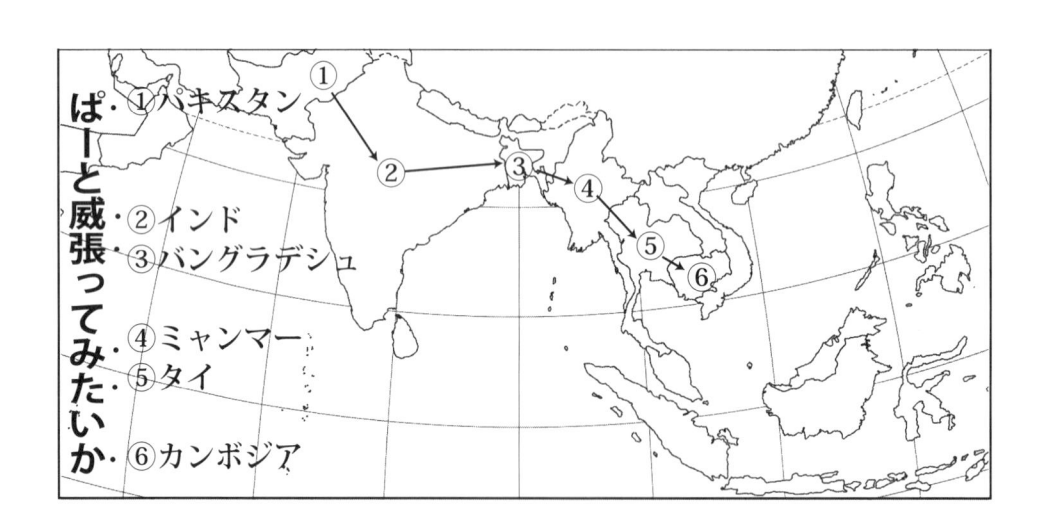

ぱーと威張ってみたいか
・①パキスタン
・②インド
・③バングラデシュ
・④ミャンマー
・⑤タイ
・⑥カンボジア

2009年と2050年（予測）の国別人口順位は、下のようになっている。
2009年
1 中国　2インド　3アメリカ　4 インドネシア
5 ブラジル
2050年
1インド　2中国　3アメリカ　4 パキスタン
5 インドネシア
人口が約1.6億人のバングラデシュの国土面積は日本の約2／5。人口が1億人を超す国の中で、極端に人口密度が高い。

パキスタンは①。
バングラデシュは③

気に入ったフレーズで覚えよう

第1章　クイズとゴロで覚える世界の国名と位置　　7

南・西・中央アジア

①〜⑦の中には、1国だけ「‥‥スタン」とつかない国がある。その国名は？その位置は①〜⑦のどこ？

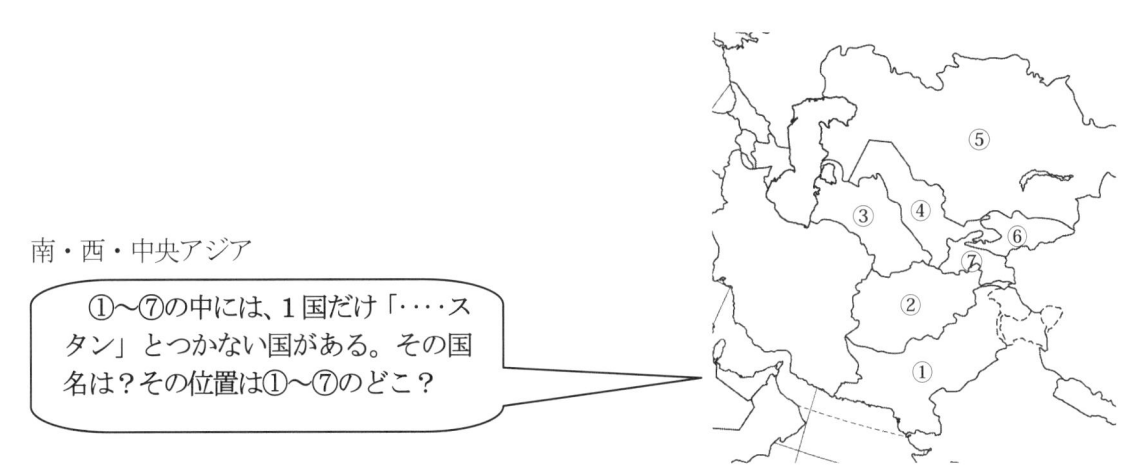

☆パキスタンから時計回りに「パアトウカー来た」だよ。

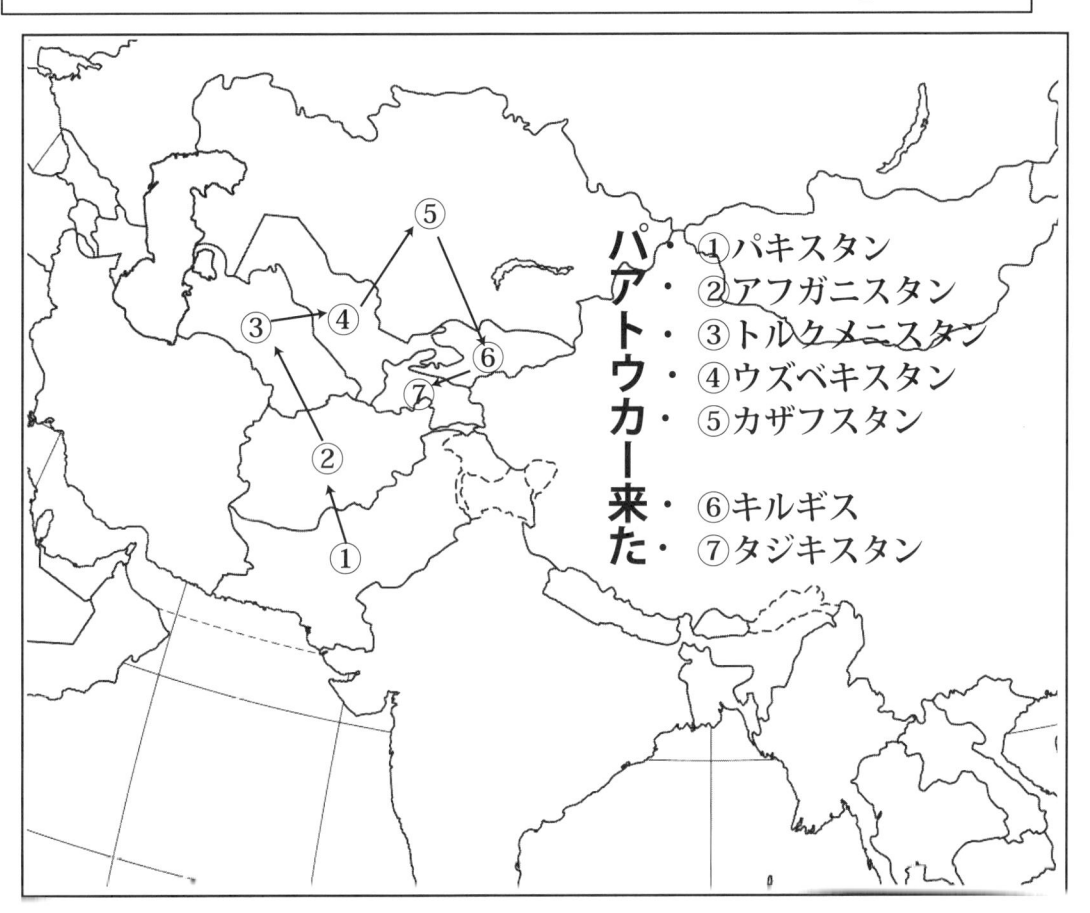

パ・ア・ト・ウ・カ・ー・来・た

① パキスタン
② アフガニスタン
③ トルクメニスタン
④ ウズベキスタン
⑤ カザフスタン
⑥ キルギス
⑦ タジキスタン

「……スタン」は、「……が多い場所」の意味。それぞれタジク人、カザフ人、トルクメン人、パシュトン人の多い国の意味である。キルギスだけは『キルギスタン』ではない。

国名は、キルギス。
位置は⑥

中央アジア

Ⅰ 日本人宇宙飛行士・野口さん、古川さんは、ロシアのロケットでバイコヌール宇宙基地から宇宙へ。バイコヌール宇宙基地のある国の国名は？その位置は①～⑤のどこ？
Ⅱ 第二次世界大戦後、ソ連時代の自然改造計画で乾燥地域を農地化して綿花栽培が盛んになり、タシケントを首都とする国の国名は？その位置は①～⑤のどこ？

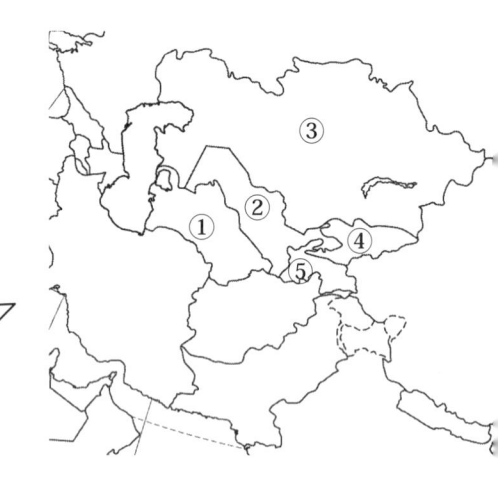

☆中央アジアは南東に位置するトルクメニスタンから時計回りに「父さん、母さん、来た」だよ。

父：①トルクメニスタン
　　②ウズベキスタン
母さん：③カザフスタン
来：④キルギス
た：⑤タジキスタン

　バイコヌール宇宙基地は、カザフスタン南部に位置し、ロシアの租借地となっていて、福岡県くらいの面積がある。
　ウズベキスタンは、シルクロードが通過し、サマルカンドがあり、その首都はタシケント。アムダリアの水を灌漑用水に使い、アメリカ・ブラジル・インドに次ぐ綿花輸出国に（2008年）。

Ⅰ カザフスタンで、③。
Ⅱ ウズベキスタンで、②。

気に入ったフレーズで覚えよう

第1章　クイズとゴロで覚える世界の国名と位置　　9

西アジア1

イランとイラク、どちらが東に位置しているの？
アフガニスタンの西は、イラン、イラク？
イランは、①〜④のどこ？

☆カザフスタンから「買うと？いや、いらん」、
アフガニスタンから東へ「愛のあるイラン、いいよ」だよ。

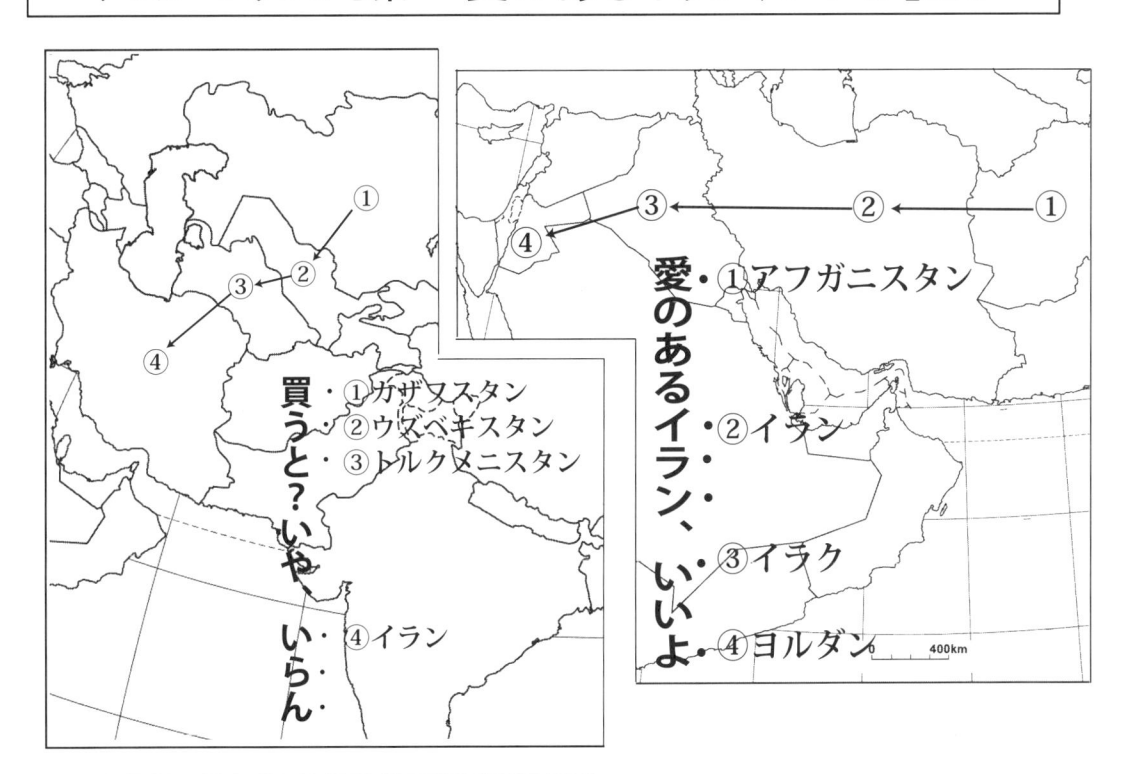

買うと？いやいらん
- ①カザフスタン
- ②ウズベキスタン
- ③トルクメニスタン
- ④イラン

愛のあるイラン、いいよ
- ①アフガニスタン
- ②イラン
- ③イラク
- ④ヨルダン

　イスラム教には、多数派のスンニ派と少数派のシーア派がある。シーア派は、イラク南部とイラン全域に分布している。イラクでは、南部に分布するシーア派と北部に分布するスンニ派の争いがイラク紛争の要因になっている。
　イランとイラクは、首都を覚えれば区別がつく。首都は、イランがテヘラン、イラクがバグダッド。首都名に「ン」があればイラン、首都名に「ク」があればイラク。

東がイラン。
アフガニスタンの西はイラン。
イランは②。

西アジア2

Ⅰ サウジアラビアからヨルダンまでのうち、人口約21万人の小さな国だが石油産出で潤うクウェートは①〜⑨のどこ？

Ⅱ イスラム教の聖地・メッカが位置する国の国名は？その国は、①〜⑨のどこ？

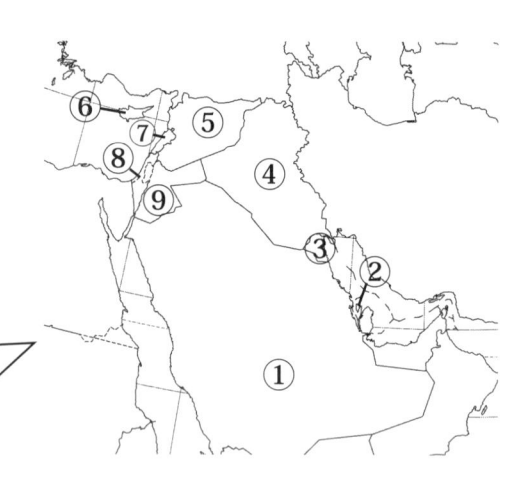

☆サウジアラビアから「砂漠の石、きれいよ」だよ。

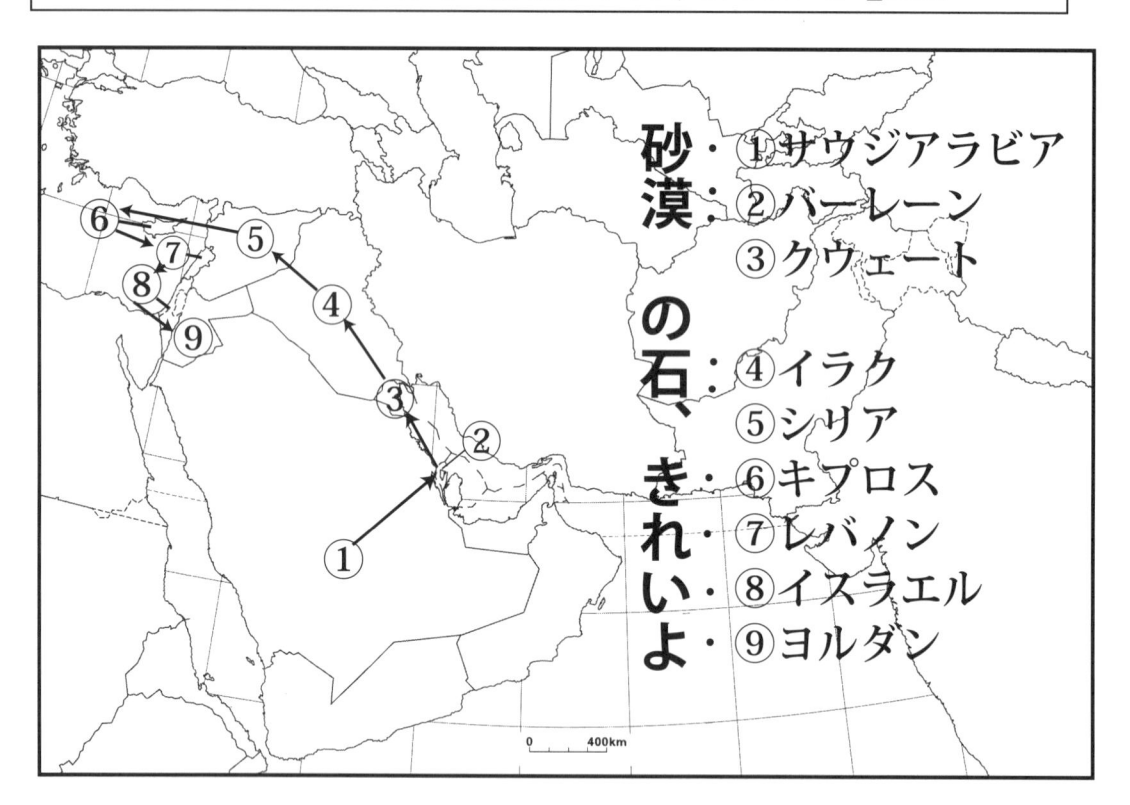

砂・①サウジアラビア
漠・②バーレーン
・ ③クウェート
の・④イラク
石・⑤シリア
、・⑥キプロス
き・⑦レバノン
れ・⑧イスラエル
い・⑨ヨルダン
よ・

西アジアは世界一の産油地域で、中でもサウジアラビアは世界最大の埋蔵量で、ロシアと並ぶ石油産出国である。
　サウジアラビアのメッカは、ムハンマド誕生の地。メッカのカーバ神殿への巡礼は、イスラム教の五行の一つ。五行は、信仰の告白、礼拝、断食、喜捨、巡礼。

Ⅰ　③。
Ⅱ　サウジアラビア、①

気に入ったフレーズで覚えよう

第1章 クイズとゴロで覚える世界の国名と位置　11

西アジア3

イスラエルとアラブとの紛争であるパレスチナ紛争。
　イスラエルは、①～⑥のどこ？
　イスラエルと国境を接しているのは、4か国。イスラエルの南西はエジプト。では、北側の国の国名は？東側の国で北に位置する国の国名は？東側の国で南に位置する国の国名は？

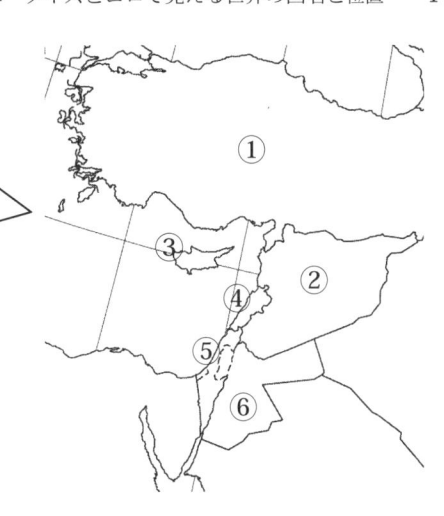

☆トルコから南に「**歳のわりに、きれいよ**」だよ。

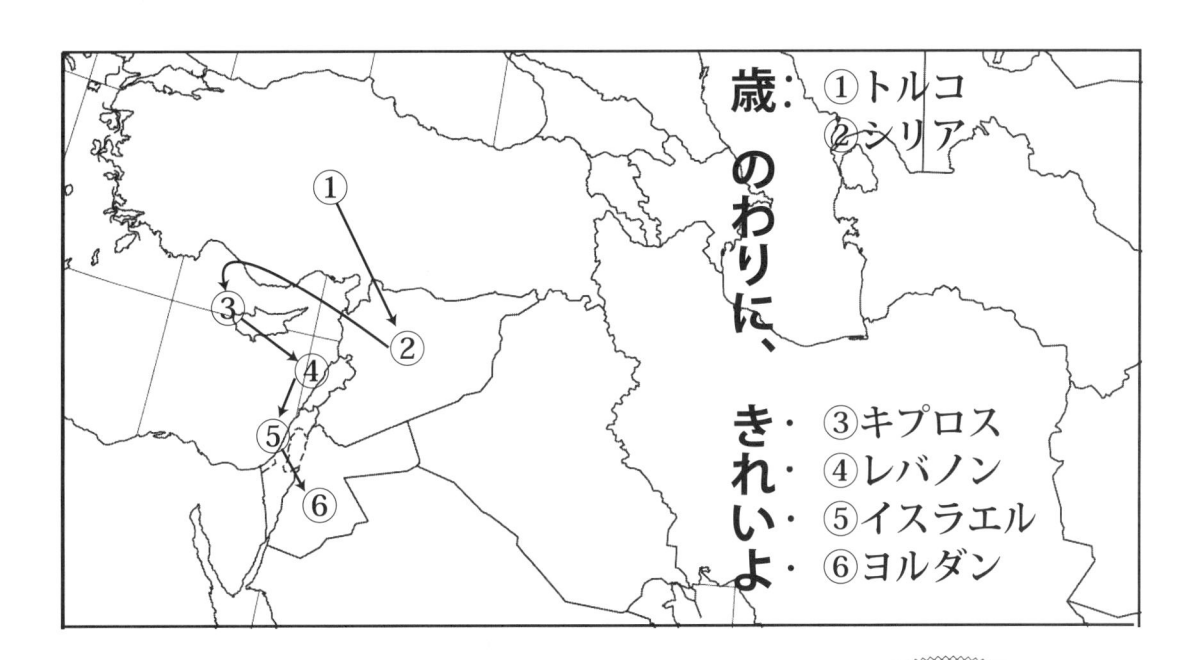

歳：①トルコ
　　②シリア

のわりに、

・③キプロス
・④レバノン
・⑤イスラエル
・⑥ヨルダン

　イスラエルはユダヤ人の国で、紀元前の国家滅亡の後、ユダヤ人は世界中に散らばった。1948年、ユダヤ人はパレスチナ人が居住していたパレスチナの地に国家を建設した。
　そのため、パレスチナに居住していたアラブ人は難民（パレスチナ難民）となり、周辺のアラブ人国家とイスラエルとの間に紛争がおこった。パレスチナ紛争と呼ばれている。紛争は現在も続いている。

イスラエルは⑤。
北側の国は、レバノン。東側の国で北に位置するのがシリア。南に位置するのがヨルダン。

西アジア 4

I 石油で潤うペルシャ湾南側の4つの小国、①～④の中で一番東に位置する国の国名は？
II 砂漠の中の沿岸にオフィスビルを建設して金融立国を目指すバーレーンは、①～④のどこ？

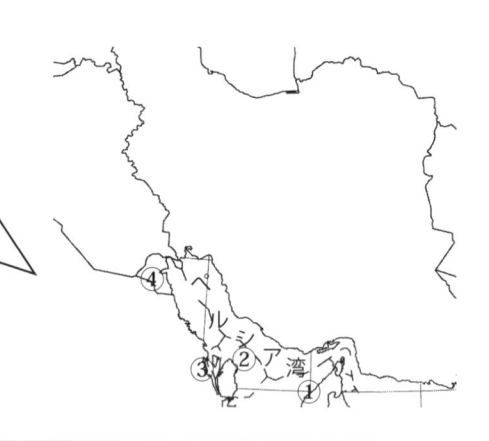

☆ペルシャ湾南側の4つの小国は、
東から「赤いバック」だよ。

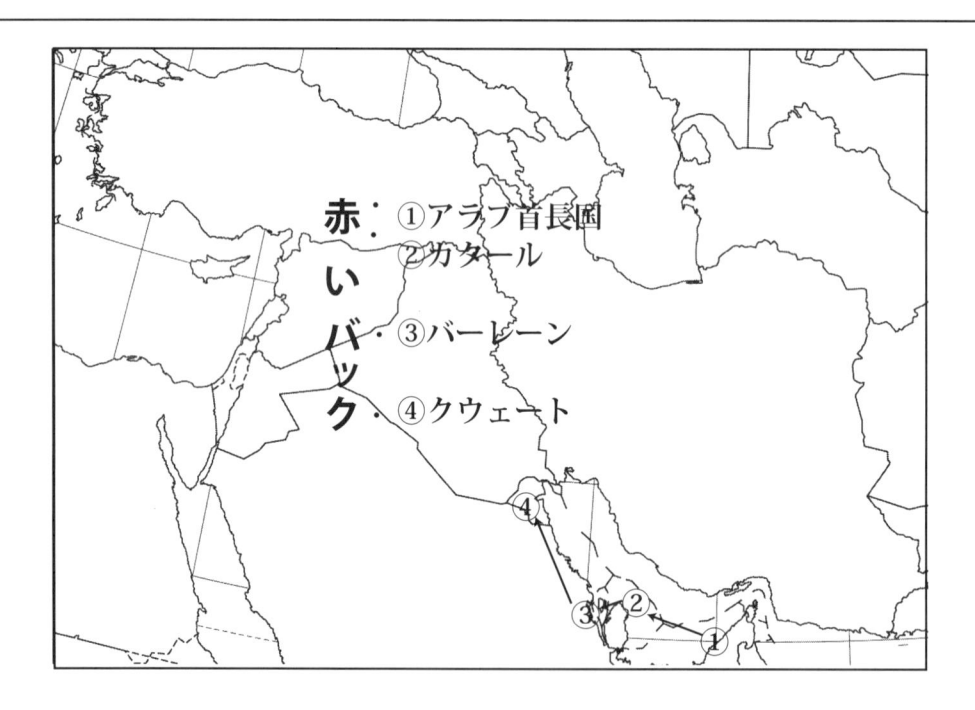

赤いバック

① アラブ首長国
② カタール
③ バーレーン
④ クウェート

　アラブ首長国連邦（通称 UAE）は、アブダビ・ドバイなど7つの君主国（＝首長国）からなる連邦国。
　ペルシア湾南側の4つの小国はいずれも石油産出国で、石油収入をもとに国づくりを行っている。アラブ首長国のドバイでは、沖合いに人口島を建設して自由貿易区の設置やリゾート開発・金融センターを、カタールは砂漠の中に高級ホテルを建設してマリンリゾートを、バーレーンは通信設備が整った近代的オフィスビルを建設して金融立国を目指している。

I　アラブ首長国。
II　③

第1章 クイズとゴロで覚える世界の国名と位置

西アジア5

アラビア半島の南部、インド洋に面する国・オマーンとイエメン。
①〜③の中で、オマーンはどこ？イエメンはどこ？

☆アラブ首長国から時計回りに
「あら、おまえさん、イケメンね」だよ。

あら・①アラブ首長国
おまえさん・②オマーン
イケメンね・③イエメン

2009年の1人当たり国民総所得は、アラブ首長国が約55000ドル、オマーンが約18000ドル、イエメンが約1060ドルで大きな差がある。日本は約38000ドルである。
　イエメンは、アラブ諸国の中で最も開発の遅れた国となっている。モカコーヒーはイエメンの港であるモカから積み出されるコーヒー豆のことである。

オマーンが②。
イエメンが③。

カフカス諸国

カフカス山脈中のグルジア、アルメニア、アゼルバイジャンをカフカス諸国という。
産油国として注目をあびるアゼルバイジャンは、①～③のどこ？

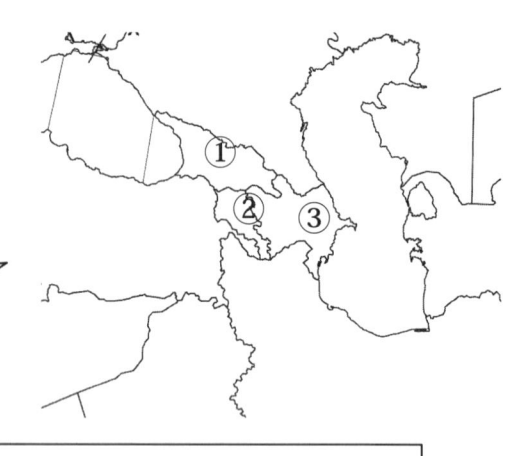

☆カフカス諸国は
西から「グルメ、美味しいもの、あるあるぜ！」だよ。

グ・ルメ、美味しいもの、あるあるぜ！
・①グルジア
・②アルメニア
・③アゼルバイジャン
ジェイハン

グルジアはオレンジ・ブドウ・茶・ワイン、アルメニアは綿花・野菜・ブドウを産出する農業国。
アゼルバイジャンは、小麦・綿花・果物の生産とともに、バクー油田を有する産油国である。石油は、バクー・トビリシ・ジェイハンパイプライン（BTCパイプライン）でトルコの地中海沿岸のジェイハンに輸送される。

アゼルバイジャンは③

気に入ったフレーズで覚えよう

第1章　クイズとゴロで覚える世界の国名と位置　15

アフリカ1

北アフリカ最大の産油国、天然ガス産出国のアルジェリアは、①〜⑤のうちのどこ？

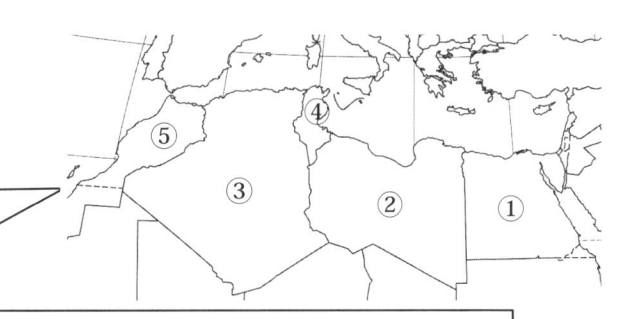

☆東から「北アフリカエリア中のもろもろの国」だよ。

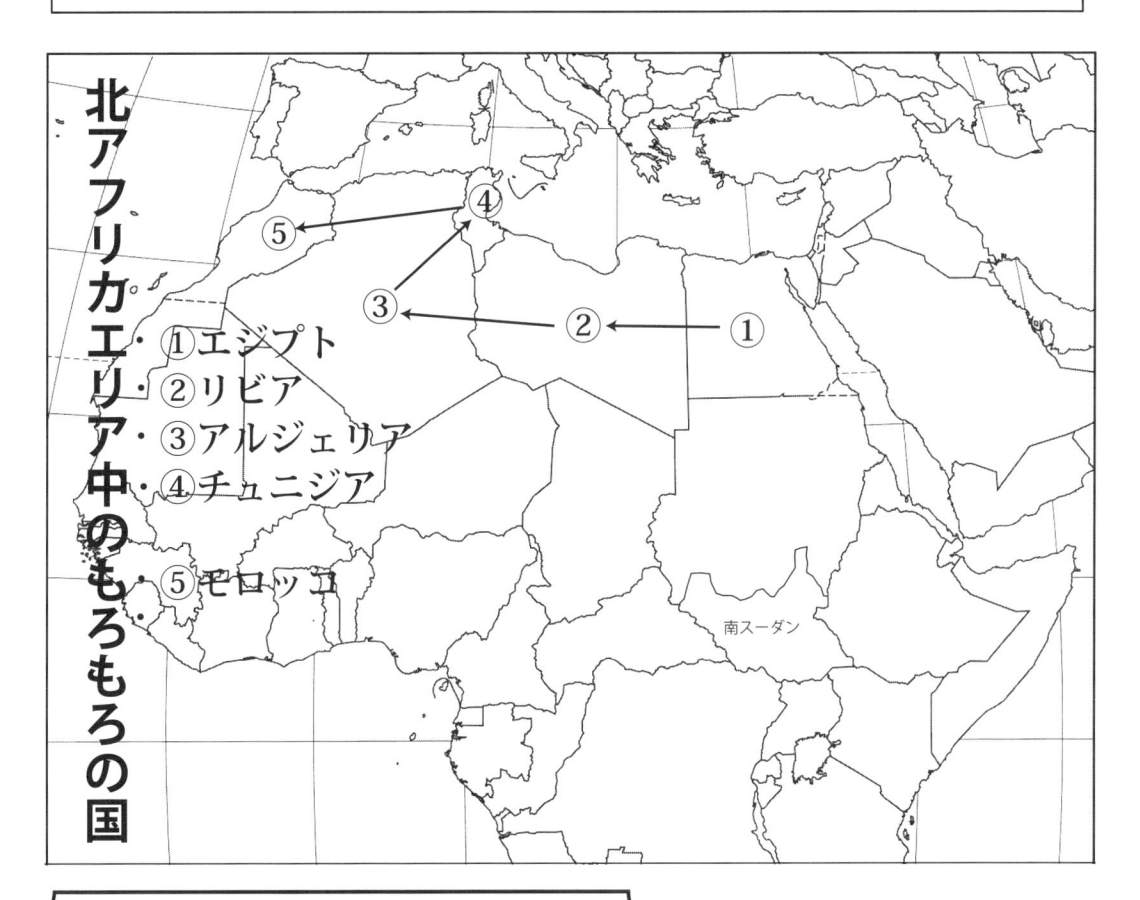

北アフリカエリア中のもろもろの国

- ①エジプト
- ②リビア
- ③アルジェリア
- ④チュニジア
- ⑤モロッコ

　サハラ砂漠北側の地域を北アフリカという。エジプトは、世界最長のナイル川に沿って農地が広がり、その富がピラミッド・スフィンクス建造の基になった。
　モロッコ・アルジェリアには、新期造山帯のアトラス山脈があり、冬にはスキーを楽しむことができる。
　北アフリカ諸国のほとんどが、産油国である。
　アルジェリアは、南スーダンの独立でアフリカ最大の面積の国となった。

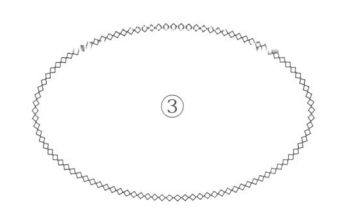

アフリカ2

北部はサハラ砂漠、南部にはニジェール川が流れ、国名の由来はカバで、首都バマコには「カバ」の銅像がある国の国名は？その位置は①〜⑥はのどこ？

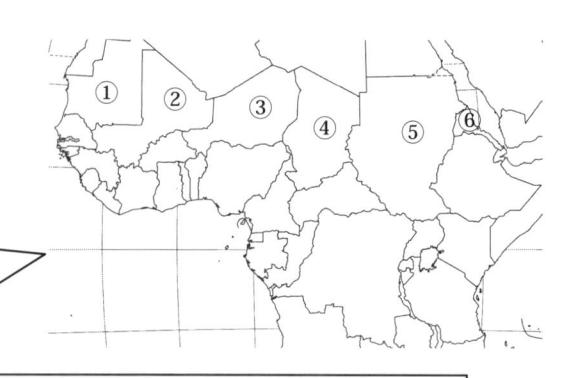

☆西から、禁煙「たばこは、もう毎日吸えない」だよ。

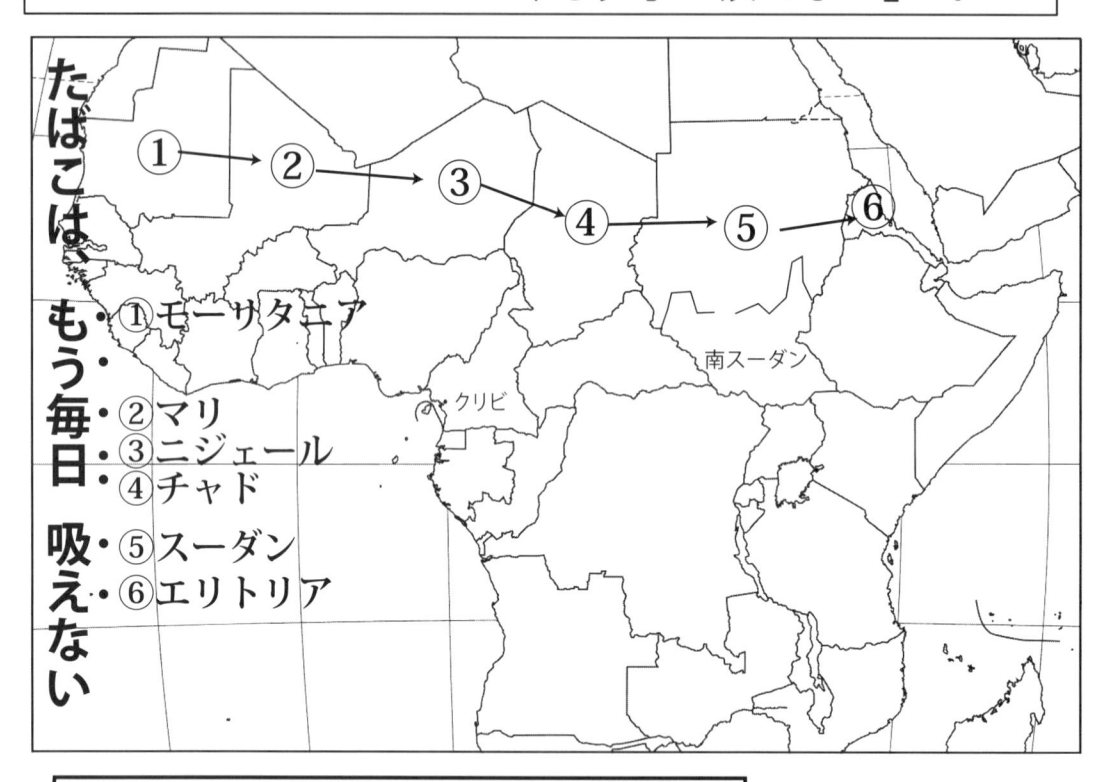

たばこは、もう毎日吸えない

- ① モーリタニア
- ② マリ
- ③ ニジェール
- ④ チャド
- ⑤ スーダン
- ⑥ エリトリア

モーリタニアからチャドまでは、フランスの植民地だった。そのため、マリ、ニジェール、チャドでは、フランス語が公用語である。

モーリタニアは、沖が好漁場で、タコ・イカの水揚げが多く、マダコの主要輸出先は日本。マリは、ウランを産出し日本が独占契約を結んでいる。ニジェールは、天水による農業国。チャドは、綿花生産・牧畜が中心で、産油国であり、約1070kmのパイプラインによりカメルーンのクリビから輸出。

スーダンは、首都のハルツーム南部の青ナイル川と白ナイル川の間の地域では、灌漑が整備され、小麦や綿花の栽培が盛んである。2011年、スーダン南部が南スーダンとして独立した。

エリトリアは、1993年エチオピアから分離独立した。

国名はマリ、位置は②。

気に入ったフレーズで覚えよう

第1章　クイズとゴロで覚える世界の国名と位置　17

アフリカ3

I　アフリカ東海岸の国々。赤道が国土の中央を通り、高原が広がり、赤道直下に標高5199mの高山がある国の国名は？その位置は①～⑤のどこ？

II　アフリカ最高峰のキリマンジャロ山が位置し、サファリ観光で有名な国の国名は？その位置は①～⑤のどこ？

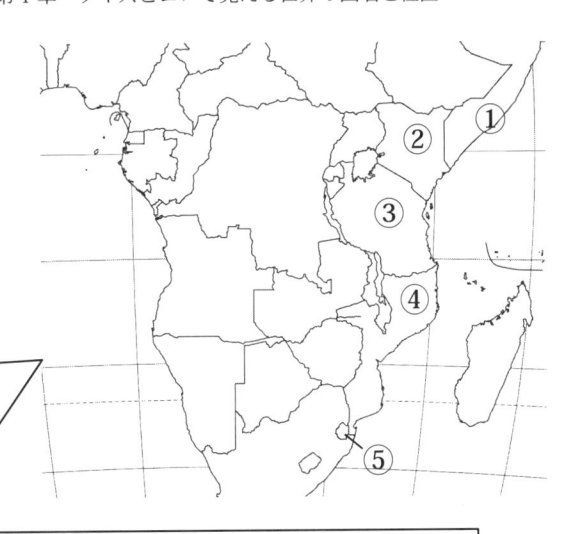

☆北から南へ「そっけない態度、もうするなよ」だよ。

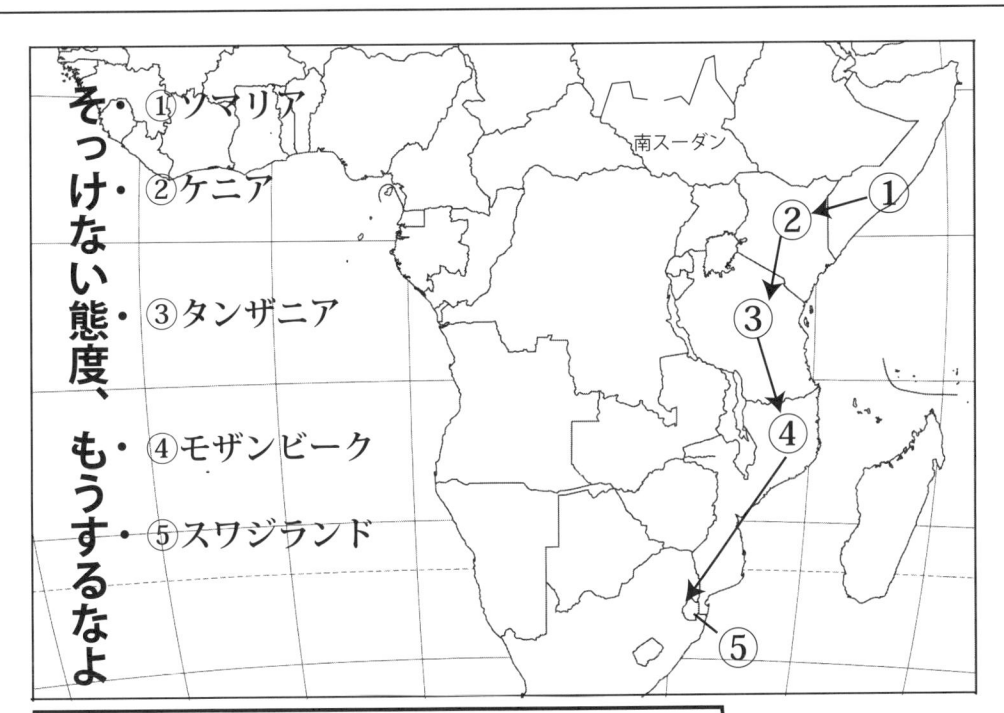

そ・①ソマリア
っ・②ケニア
け
な
い・③タンザニア
態
度
、・④モザンビーク
も
う・⑤スワジランド
す
る
な
よ

　アフリカの角と呼ばれるソマリアは、無政府状態で治安が不安定で、アデン湾で海賊行為が多発し、問題となっている。
　ケニアは大部分が1000m以上の高地で、首都ナイロビの標高は1624m。かつてのホワイトハイランドでは茶の栽培が盛ん。
　タンザニアにはアフリカの最高峰・キリマンジャロ山（5895m）があり、サファリ観光で有名。
　スワジランドは、内陸の王国で約1％の白人が経済の実権を握っている。

I　ケニア。②。
II　タンザニア。③。

アフリカ4

①〜⑥の中で、唯一内陸国である⑥の国名は？

☆エリトリアから沿岸を南へ
「エジソン、やけに頭がいい」だよ。

エジソン、やけに頭がいい
- ①エリトリア
- ②ジブチ
- ③ソマリア
- ④ケニア
- ⑤タンザニア
- ⑥マラウィ

ジブチは、人口約91万人（2011年）、面積約2.3万km²の小国。ジブチ港は、ヨーロッパ・アジア・アラブを結ぶ重要港。
マラウィは内陸国で、農業が中心。1人当たり国民所得は290ドル（2009年）で、非常に貧しい。

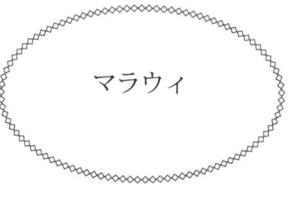

マラウィ

気に入ったフレーズで覚えよう

第1章　クイズとゴロで覚える世界の国名と位置　19

アフリカ5

アフリカ中央に位置する3つの小国。ツチ族とフツ族の民族紛争が続くブルンジとルワンダ。①～③の中で、ブルンジはどこ？ルワンダはどこ？

☆アフリカ中央の3つの小国は、北から「アフリカ中央のウルフ(狼)」だよ。

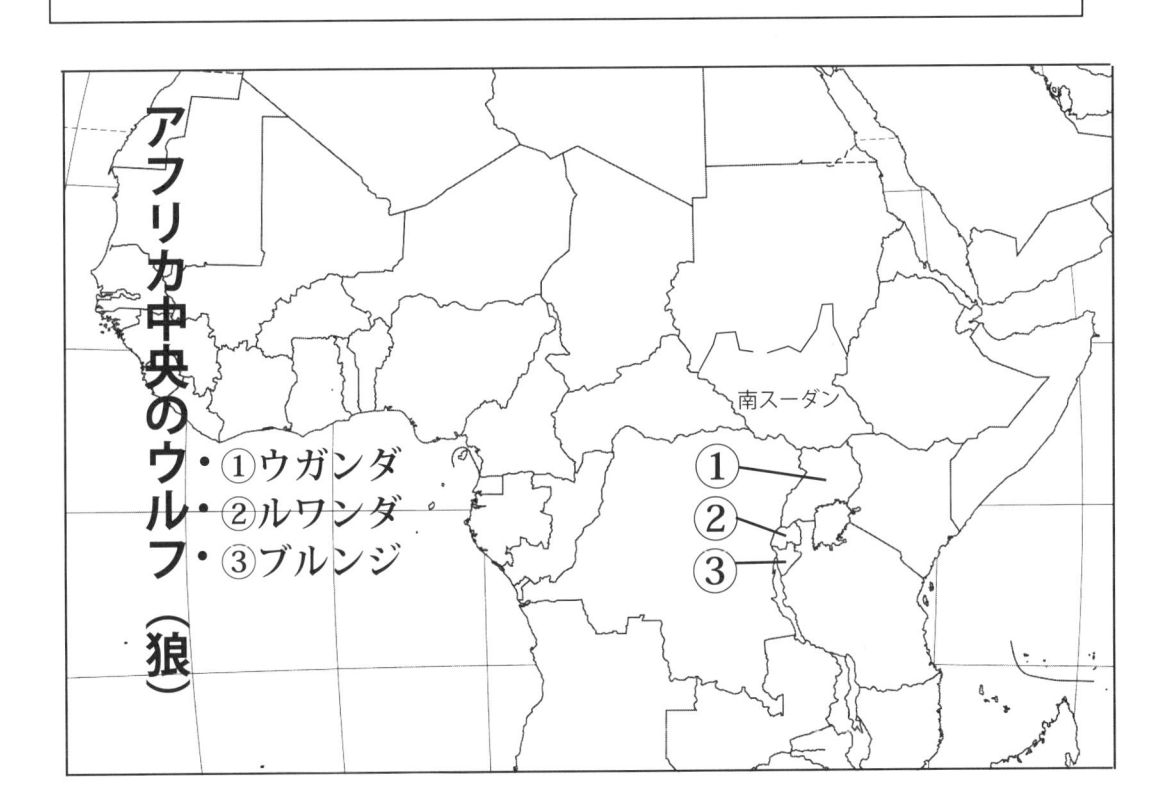

アフリカ中央のウルフ（狼）
- ①ウガンダ
- ②ルワンダ
- ③ブルンジ

ウガンダは、ナイル川源流に位置し、比較的経済が安定し、原油も産出する。
ルワンダとブルンジは、ノツ族とツチ族との紛争・内戦で、多くの人々が殺されたり、難民となった。最近、フツ族とツチ族の融和が進みつつある。

ブルンジが③。
ルワンダが②。

アフリカ6

Ⅰ カカオ豆生産量世界第1位のコートジボワール、第3位のロッテガーナチョコレートのガーナ、①〜⑧のそれぞれどこ？
Ⅱ アフリカで人口最大の国、ニジェール川の河口に位置する国の国名は？その位置は？

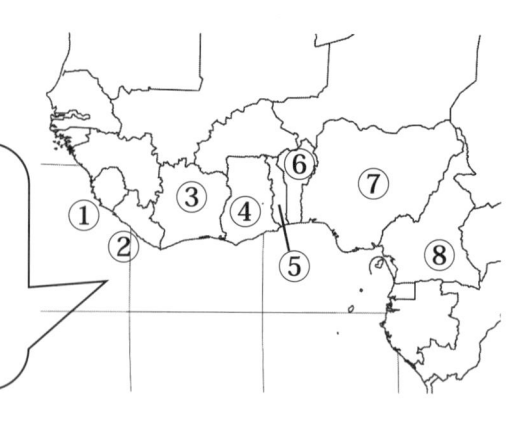

☆ギニア湾諸国・シエラレオネから

「尻こがし、飛べない亀」だよ。

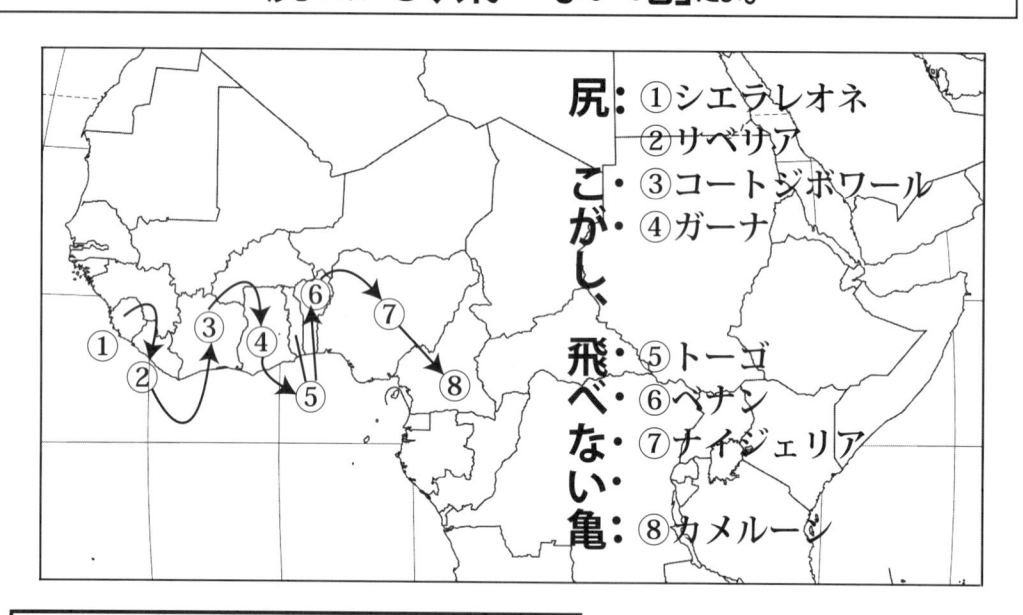

尻：①シエラレオネ
　・②リベリア
こ・③コートジボワール
が・④ガーナ
し、
飛・⑤トーゴ
べ・⑥ベナン
な・⑦ナイジェリア
い
亀：⑧カメルーン

カカオの種子をカカオ豆という。カカオ豆は、発酵させてココアやチョコレートの原料にする。コートジボワールは世界第1位、ガーナは同3位のカカオ豆生産国で、この2国で世界生産量の約半分を占める。
国別カカオ豆生産量（2009年）
1 コートジボワール 2 インドネシア 3 ガーナ
　野口英世は、黄熱病研究中にガーナの首都アクラで病死した。
　ナイジェリアはアフリカ最大の人口（約1.6億人、アフリカで唯一の人口1億人以上の国）で、首都アブジャは日本人の丹下健三が設計した。

Ⅰ コートジボワールが③。ガーナが④。
Ⅱ ナイジェリアで⑦。

アフリカ7

西アフリカ諸国とギニア湾岸諸国。
Ⅰ ①〜⑦までの中で、アメリカ黒人解放奴隷により建国され、便宜置籍船国となっている国の国名は？その位置は？
Ⅱ ①〜⑦までの中で、長年カカオ豆生産量世界一の国名は？その位置は？

☆西アフリカからギニア湾岸諸国、
西から「背が高いギニアビサウの技師、利口ね」だよ。

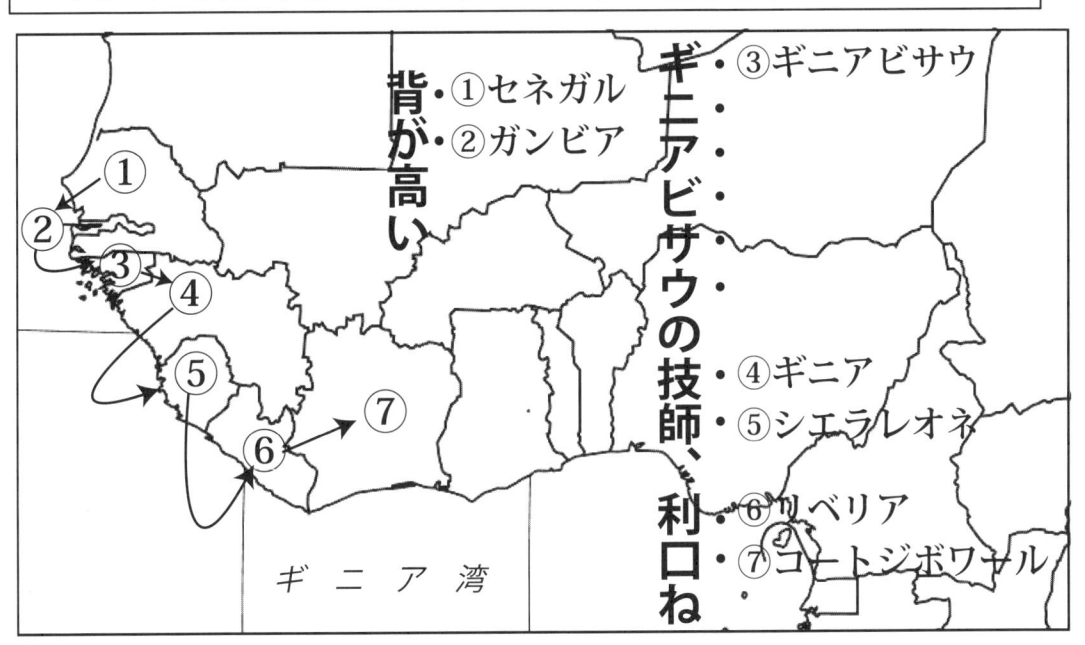

背が高い
・①セネガル
・②ガンビア

ギニアビサウの技師、利口ね
・③ギニアビサウ
・④ギニア
・⑤シエラレオネ
・⑥リベリア
・⑦コートジボワール

いずれの国も、一次産品の生産が中心。セネガルはラッカセイ、ギニアはボーキサイト、ダイヤモンドの生産量が多い。リベリアは、アメリカの黒人解放奴隷が中心となって建国され、首都名はアメリカ大統領モンローにちなんでつけられた。また、外国航路の船は税金などの特典のある国に船籍を登録（＝便宜置籍船）するため外航船登録保有量は上位3カ国で約40％を占めている。
国別外航船登録保有量（2010年）
第1位　パナマ　第2位　リベリア　第3位　マーシャル諸島

Ⅰ　リベリアで⑥。
Ⅱ　コートジボワールで⑦。

アフリカ8

アフリカ中部から南部の国々。
Ⅰ かつてベルギーの植民地であった国の国名は？
　その位置は、①〜⑤のどこ？
Ⅱ ナミブ砂漠があるナミビアは①〜⑤のどこ？

☆コンゴから南にアフリカは先進国に輸出して「ココアがない」だよ。
アンゴラから南に「穴ぼこ」だよ。

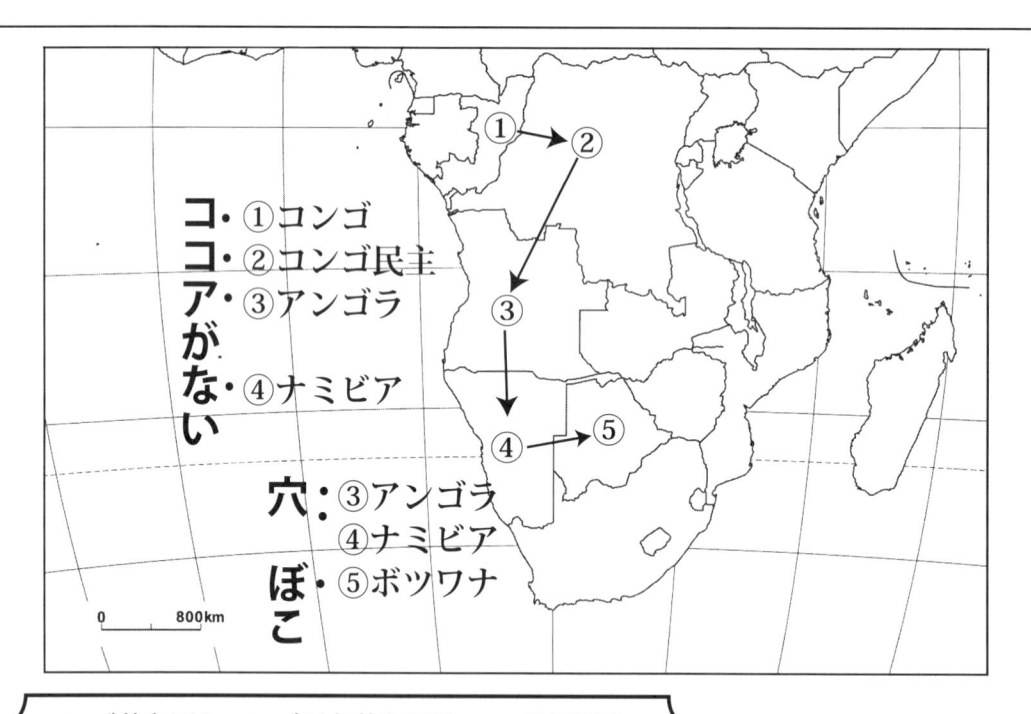

コ・①コンゴ
コ・②コンゴ民主
ア・③アンゴラ
が・
な・④ナミビア
い

穴：③アンゴラ
ぼ・④ナミビア
こ・⑤ボツワナ

　コンゴ共和国とコンゴ民主共和国は、15世紀頃までコンゴ王国であった。植民地分割の際、前者はフランス、後者はベルギーの植民地となり、1960年の独立の際には両者ともコンゴ共和国となり、国名の前に首都名をつけて区別した。その後、後者は1967年にコンゴ民主共和国、1971年にザイール、1997年に再びコンゴ民主共和国へと変更した。
　アンゴラは、産油国で、そのほとんどを中国に輸出し、中国の原油輸入先第1位の国である。
　ナミブ砂漠は、ナミビア沖合を流れる寒流のベンゲラ海流の影響により形成された。

Ⅰ　コンゴ民主共和国
　　で、②。
Ⅱ　④。

アフリカ9

I 国境付近にカッパーベルトがあり、銅鉱産出国であるザンビアは、①〜⑤のどこ?
II 南西部はカラハリ砂漠が広がり、ダイヤモンド産出量世界第2位(2009年)の国の国名は?
その位置はどこ?

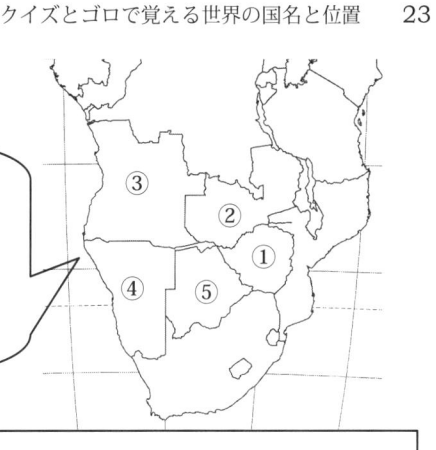

☆南部アフリカの国は反時計回りに
「神通力なし、ざあーと波をかぶって沈没」だよ。

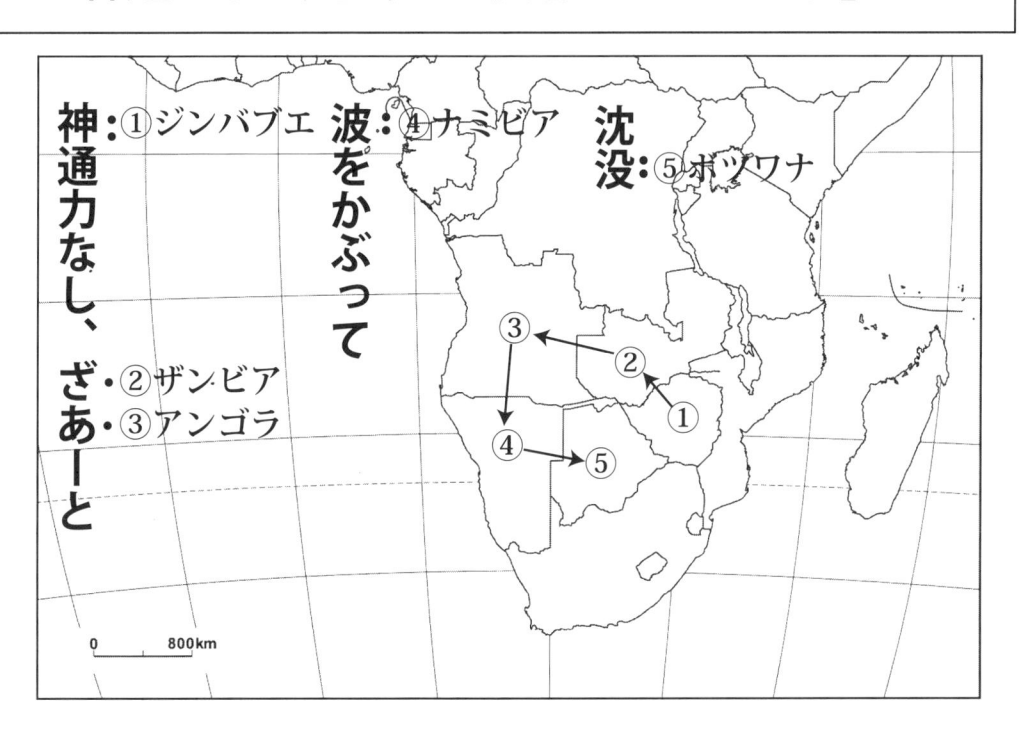

神:①ジンバブエ
通力なし、ざあーと
・②ザンビア
・③アンゴラ
波:をかぶって ④ナミビア
沈没:⑤ボツワナ

ジンバブエは、クロム鉱・バナジウム鉱などのレアメタルの産出が多い。
ザンビアとコンゴ民主共和国の国境付近はアフリカカッパーベルトと呼ばれ、銅鉱の産出が多い。ザンビアではカリバダムの電力で精錬し、タンザン鉄道を使って輸出する。
ナミビアは、ウラン鉱やダイヤモンドの産出量が多い。ボツワナは、ロシアに次ぐ世界第2位のダイヤモンド産出国。

I ②。
II ボツワナで、⑤。

24

アフリカ10

南アフリカに囲まれている小さな2つの王国、スワジランド、レソト。それぞれ、①または③のどちら？

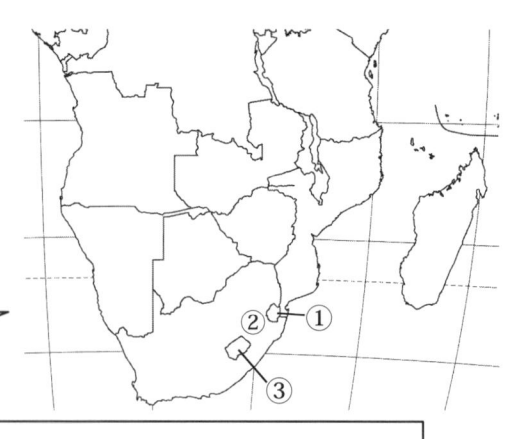

☆北の小国から南へ「スミレ」だよ。

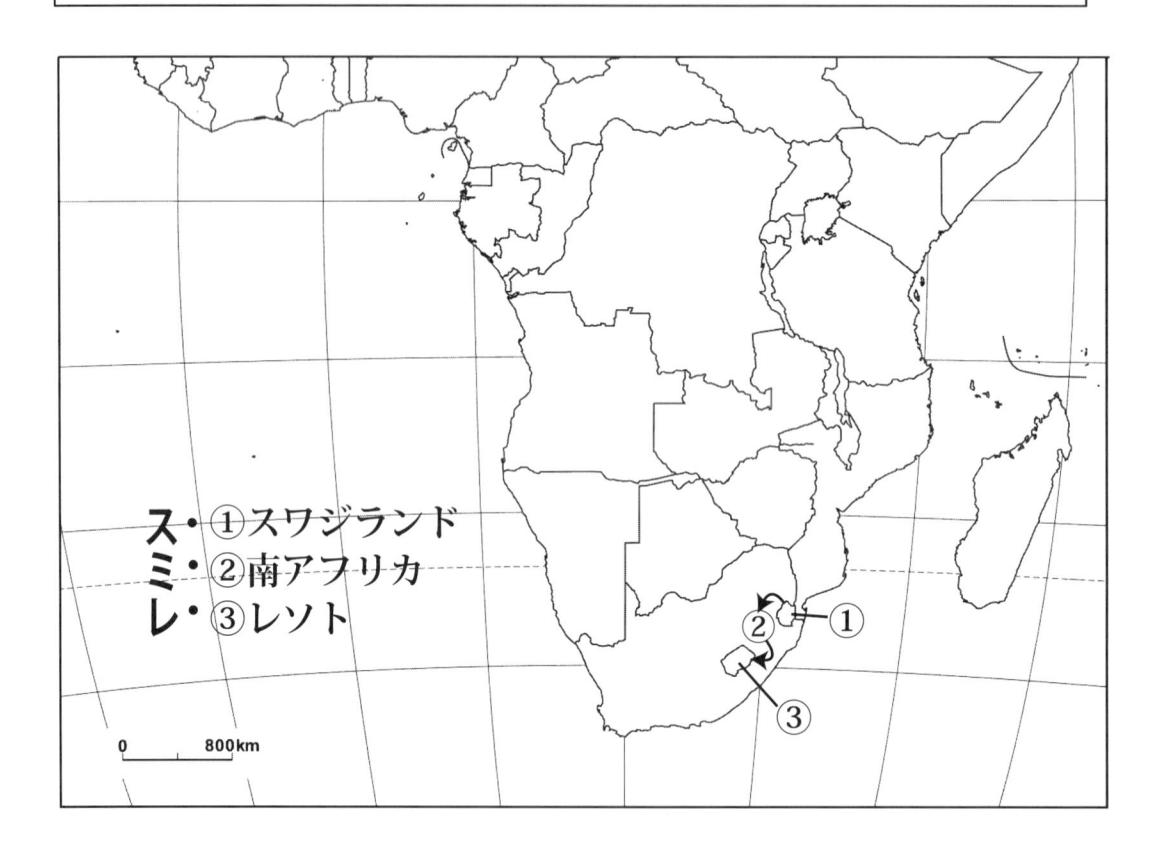

ス・①スワジランド
ミ・②南アフリカ
レ・③レソト

南アフリカは、アフリカ最大の工業国。自動車・製鉄などの工業が発達している。また、石炭・鉄鉱・マンガン・クロム・コバルトなどの鉱産資源の産出も世界有数である。農業では、白人経営による大規模農業が行われている。
　スワジランドは、19世紀のスワジ王国の地であり、現在も王国である。
　レソトは、ドラケンスバーグ山脈中の王国で、アフリカのスイスと呼ばれるが、食料不足が問題となっている。

スワジランドが①。
レソトが③。

気に入ったフレーズで覚えよう

第1章　クイズとゴロで覚える世界の国名と位置　25

インド洋の国々

> インド洋上の国々、観光立国が多い。
> Ⅰ 「インド洋の真珠」と呼ばれるセーシェル、①～⑤のどこ？
> Ⅱ 日本の遠洋マグロ漁業の中継基地となっているモーリシャスは、①～⑤のどこ？

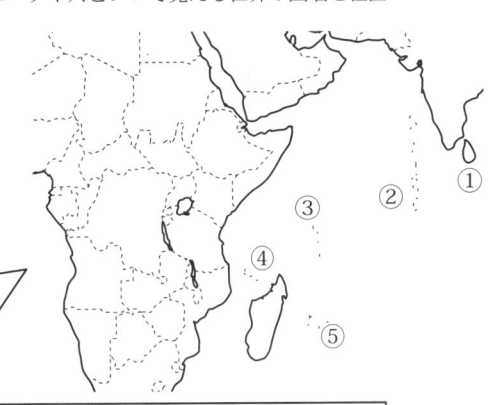

☆スリランカから南へ「安全は、スモールセコモ」だよ。

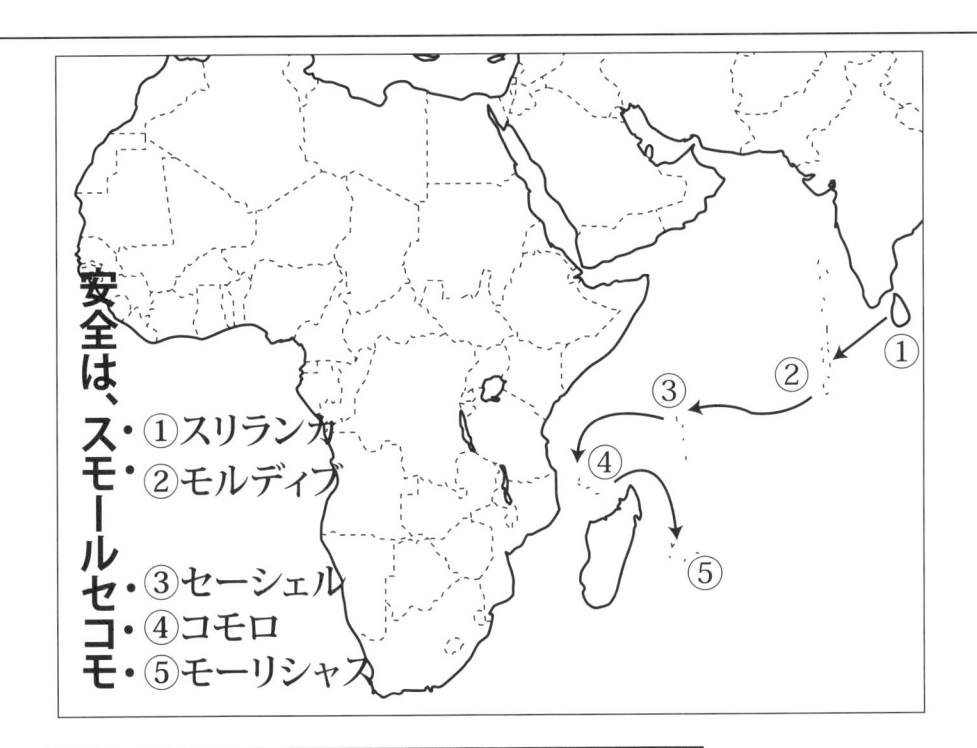

安全は、スモールセコモ
- ①スリランカ
- ②モルディブ
- ③セーシェル
- ④コモロ
- ⑤モーリシャス

　インド洋上の国々は、その多くがサンゴ礁の島々からなり、産業は観光業と漁業である。
　モルディブは、約26の環礁やその他約1192の島々からなっている。1mの海面上昇で国土の80％が失われる。
　セーシェルは、約115のサンゴ礁の島からなり、「インド洋の真珠」と呼ばれ、モーリシャスと並び、多くのヨーロッパ人が訪れる。
　コモロは、産業が未発達で最貧国の一つである。
　モーリシャスは、インド系の人々が約70％を占め、観光業が盛ん。インドのタックスヘイブン（租税回避地）の役割をしている。

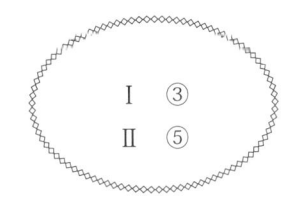

Ⅰ　③
Ⅱ　⑤

ヨーロッパ1

デンマークから南へ北海沿岸の国々。
- Ⅰ EU本部がある国の国名は？
  その位置は①〜④のどこ？
- Ⅱ ユーロポートのある国の国名は？
  その位置は①〜④のどこ？
- Ⅲ EU司法裁判所のある国の国名は？
  その位置は①〜④のどこ？

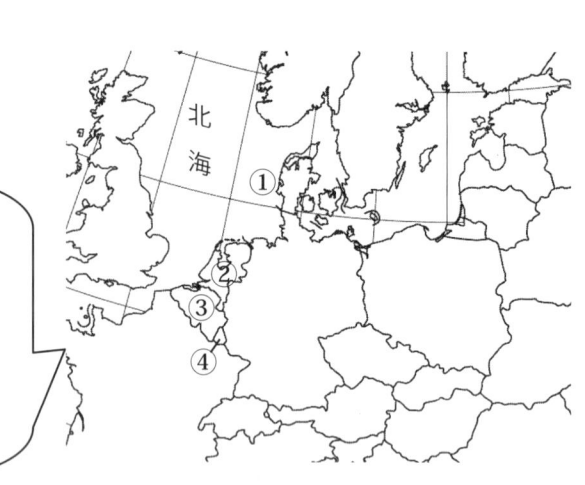

☆デンマークから南へ教会の鐘は「**電動のオートベル（鐘）**」だよ。

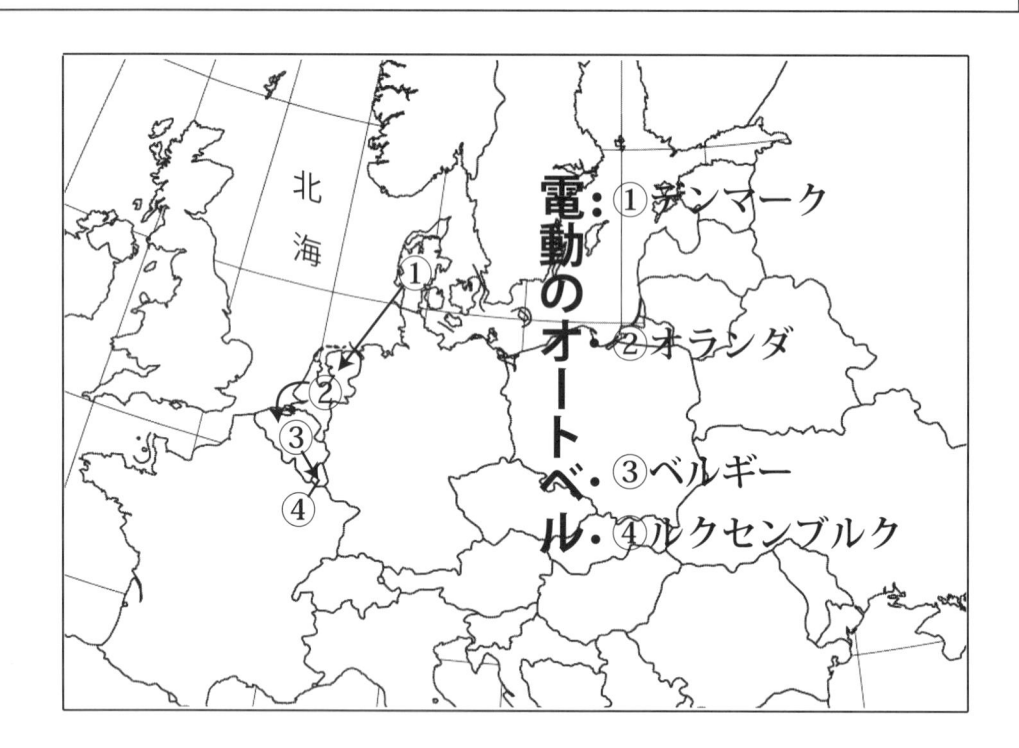

電：①デンマーク
動：
の
オ：②オランダ
ー
ト
ベ：③ベルギー
ル：④ルクセンブルク

オランダ・ベルギー・ルクセンブルグは、1948年にEUの基になったベネルクス関税同盟を成立させた国々。

EU議会はフランスのストラスブール、EU本部はベルギーのブリュッセル、EU司法裁判所はルクセンブルグに置かれている。なお、国連の国際司法裁判所は、オランダのハーグにある。

オランダには、EUの玄関港であるユーロポートがある。

- Ⅰ ベルギー ③。
- Ⅱ オランダ ②。
- Ⅲ ルクセンブルグ ④。

気に入ったフレーズで覚えよう

第1章 クイズとゴロで覚える世界の国名と位置　27

ヨーロッパ2

北欧三国。
I ノーベル賞。平和賞以外の授与が行われるストックホルムを首都とする国の国名は？その位置は、①〜③のどこ？
II ノーベル平和賞の授与が行われるノルウェーは、①〜③のどこ？

☆北欧。西から「北欧でも夏はノースリーブ」だよ。

北欧でも夏はノースリーブ

- ①ノルウェー
- ②スウェーデン
- ③フィンランド

　ノーベル賞の創設者ノーベルは、スウェーデンとノルウェーの和解と平和を祈念して「平和賞」だけは、ノルウェーを授与主体とし、ノルウェーのオスロで授与が行われる。その他の物理学賞、化学賞、生理学・医学賞、文学賞、経済学賞の5部門はストックホルムで授与が行われる。
　北欧3国は、いずれも福祉国家であり、生活水準が高い。
　ノルウェーは、フィヨルドが見られ、世界有数の漁業国、水力発電を利用したアルミニウム生産国。
　スウェーデンは、ボールベアリングや工作機械・自動車のボルボの国。
　フィンランドは、氷河起源の湖が多く分布する林業の盛んな国である。

I　スウェーデン、②。
II　①。

ヨーロッパ３

バルト海の東側に位置するバルト３国。第二次世界大戦時、約6000人のユダヤ人を救った杉原千畝がいた国の国名は？その位置は、①〜④のどこ？

☆バルト３国はフィンランドから南へ「フェラーリで南へ」だよ。

フ・①フィンランド
ェ・②エストニア
ラ・③ラトビア
ー・
リ・④リトアニア
で
南
へ

エストニア・ラトビア・リトアニアは、バルト３国と呼ばれる。旧ソ連を構成する国であったが、現在はCISに加入せず、３国ともEU加盟国である。
　エストニアの首都タリンの旧市街地は世界遺産に指定され、ヨーロッパからの観光客が多い。
　リトアニアの首都ビリュニスには、「杉原千畝通り」がある。これは、第二次世界大戦当時、リトアニアに逃れてきたユダヤ人に対し、外務省の訓令に反してビザを発行して、約6000人のユダヤ人を救ったことを記念してのものである。

リトアニアで　④。

ヨーロッパ4

I ①〜⑥の中で、首都がドナウ川沿岸に位置する国が一つある。その国の国名は？その位置は、①〜⑥のどこ？
II 永世中立国で、EU未加盟のスイスは、①〜⑥のどこ？

☆バルト海から「ポチを、椅子からどかす」だよ。

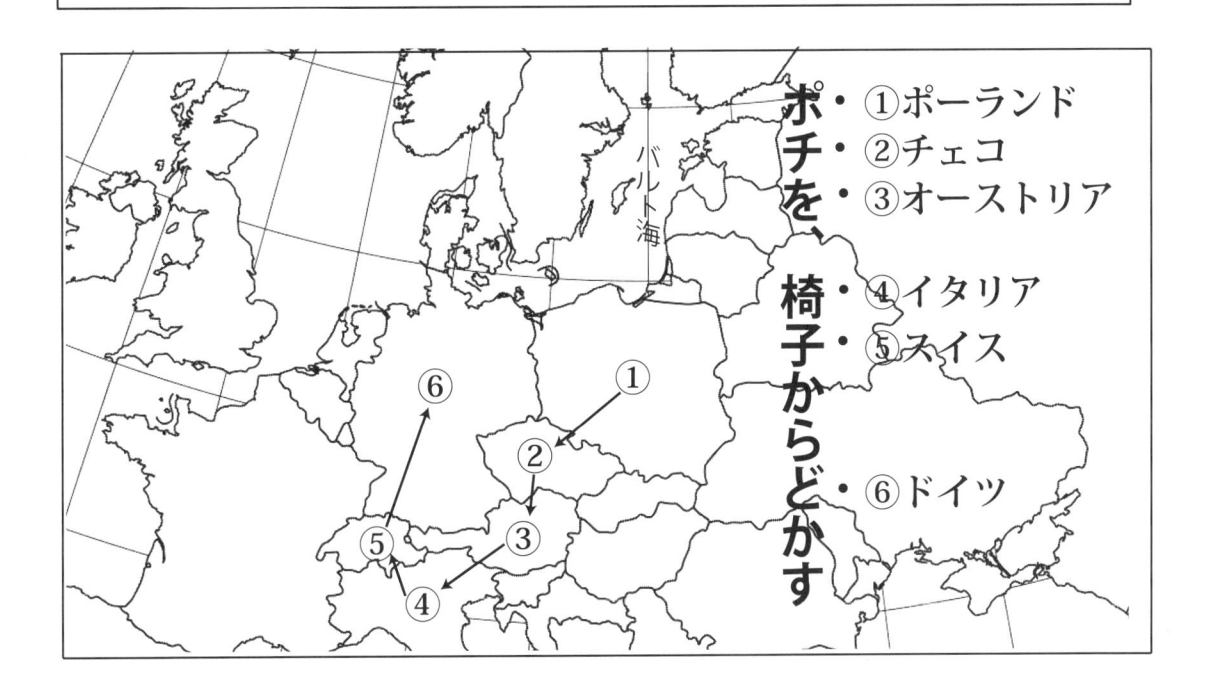

ポ・①ポーランド
チ・②チェコ
を・③オーストリア
、
椅・④イタリア
子・⑤スイス
か
ら
ど
か
す・⑥ドイツ

　チェコは、エルベ川支流のヴルタヴェ川とドナウ川支流のモウヴァ川流域の国で、首都プラハの中央をヴルタヴェ川が流れている。オーストリアはドナウ川流域の国、スイスはライン川流域の国である。
　オーストリアの首都ウイーンは、歴史・文化などから「音楽の都」、「森の都」、「歴史の都」などと呼ばれる。
　スイスは、永世中立国で、マッターホルンに代表されるアルプスの国、チューリッヒに代表される国際金融の国である。
　ドイツは、EU最大の人口で約8000万人。工業・金融業などが盛ん。
　イタリアは、ローマの遺跡などへの観光客が多い。豊かな北部と貧しい南部との南北格差が大きい。

I オーストリアで③。
II ⑤。

ヨーロッパ5

東ヨーロッパ。
Ⅰ ボヘミアガラスで有名な国の国名は？その位置は、①〜⑤のどこ？
Ⅱ 国土の中央をドナウ川が流れ、ブダペストを首都とする国名は？その位置は、①〜⑤のどこ？

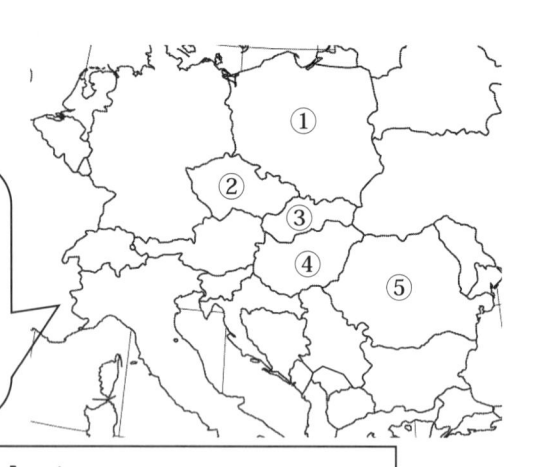

☆東ヨーロッパに「ポチ、座る」だよ。

ポ・① ポーランド
チ・② チェコ
、
座・③ スロバキア
・④ ハンガリー
る・⑤ ルーマニア

ポーランドは、東ヨーロッパに位置するスラブ民族の国であるが、住民のほとんどがカトリック教徒で、南西部にはシュレジェン炭田がある。
　チェコとスロバキアは、1991年まで一つの国であった。
　ハンガリー人の祖先は、ウラル山脈方面から移動してきた人々でマジャールと呼ばれる。
　ルーマニアは、「ローマ人の地」の意味で、ルーマニア語はラテン語系の言語で人々はラテン民族であるが、正教会の信者が多い。

Ⅰ チェコで、②。
Ⅱ ハンガリーで、④。

気に入ったフレーズで覚えよう

第1章 クイズとゴロで覚える世界の国名と位置　31

ヨーロッパ6

バルカン半島の国々。
Ⅰ カルスト地形のスロベニアは、①～⑧のどこ？
Ⅱ 第一次世界大戦のきっかけとなったサラエボ事件が起こり、サラエボを首都とする国の国名は？その位置は、①～⑧のどこ？

☆オーストリアから南へ「雄の狂ったボスとの戦争も困る」だよ。

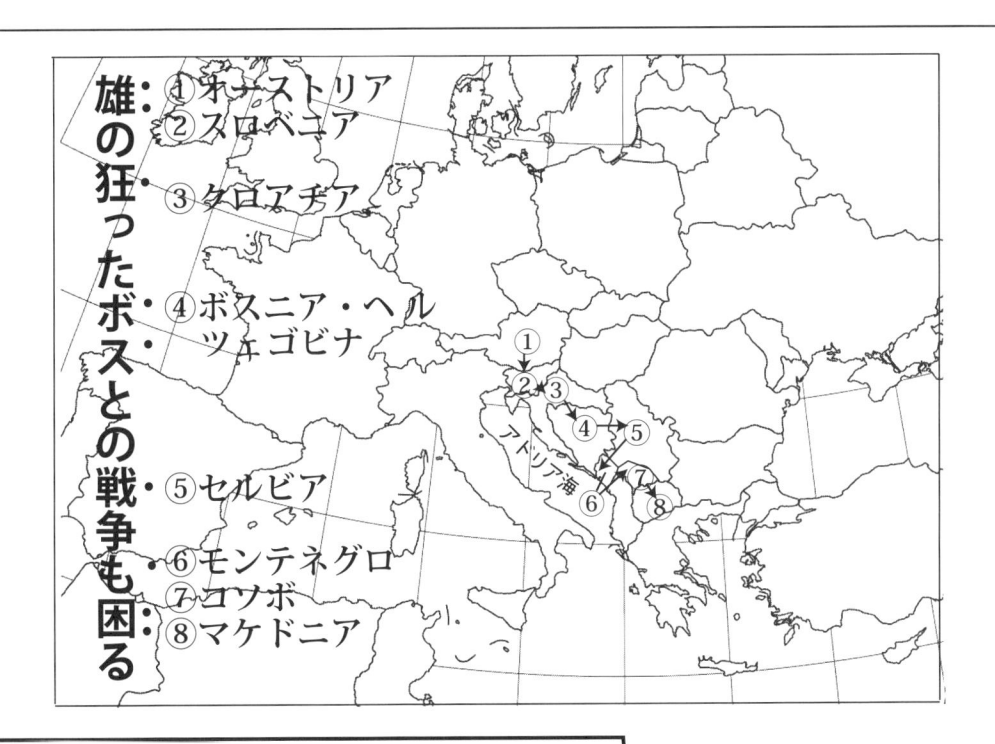

雄：①オーストリア
の・②スロベニア
・③クロアチア
狂
っ
た・④ボスニア・ヘルツェゴビナ
ボ
ス
と
の・⑤セルビア
戦
争
も・⑥モンテネグロ
　・⑦コソボ
困
る：⑧マケドニア

スロベニアからマケドニアまでは、1991年まではユーゴスラビアとして一つの国家であったが、その後次々と独立した。
　スロベニアは、自動車工業などが発達し、東欧では比較的豊かな国で、カルスト地方にはカルスト地形が発達。
　クロアチアは、アドリア海の1000を超す島々をもとに観光業が盛んである。ボスニア・ヘルツェゴビナの首都サラエボは、第一次世界大戦の導火線となったサラエボ事件の地である。

Ⅰ ②。
Ⅱ ボスニア・ヘルツェゴビナ④。

ヨーロッパ7

Ⅰ ヨーグルトで有名なブルガリアは、①〜⑥のどこ？
Ⅱ 小麦栽培が盛んで「ヨーロッパの穀倉」と呼ばれ、原発事故が発生したチェルノブイリがある国の国名は？その位置は、①〜⑥のどこ？

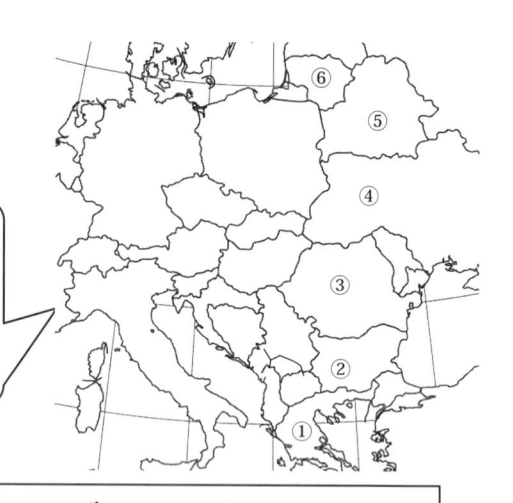

☆ギリシアの東部から北へ「ギリシアのブルウベリー」だよ。

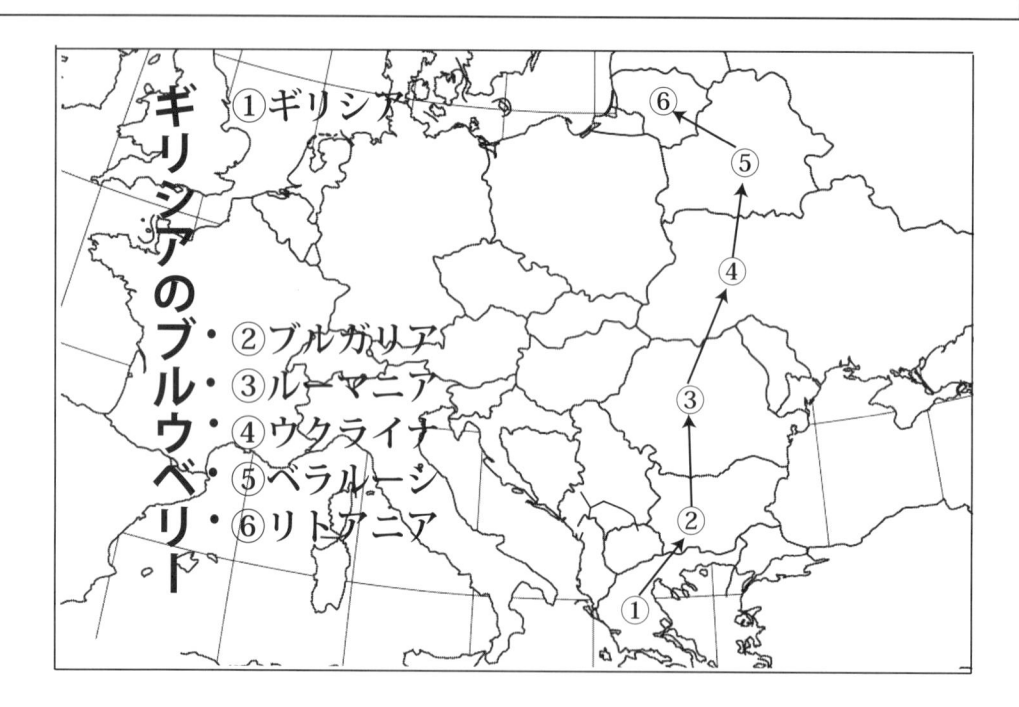

ギリシアのブルウベリ
①ギリシア
②ブルガリア
③ルーマニア
④ウクライナ
⑤ベラルーシ
⑥リトアニア

ギリシアは、多くの島々のあるエーゲ海やギリシア時代の遺跡が数多くあるアテネを中心にした観光国。
ブルガリアは、ヨーグルトや香水用のバラが栽培される「バラの谷」で有名な農業国。
ルーマニアは、スラブ民族中に位置するラテン民族の国。
ウクライナは、肥沃なチェルノーゼムに恵まれ「ヨーロッパの穀倉」と呼ばれる。北部のチェルノブイリでは、1986年、原子力発電所爆発事故が発生した。
ベラルーシの国名は、ロシア一帯がモンゴルの支配を受けた際に貢納を出さずに自らを「白ロシア」と呼び、貢納を出した地域を「黒ロシア」と呼んだことに因む。
リトアニアは、酪農を中心とする国である。

Ⅰ ②。
Ⅱ ウクライナで④。

第1章 クイズとゴロで覚える世界の国名と位置　33

ヨーロッパ8

ヨーロッパのミニ国家。
Ⅰ 王室・カジノ・F1グランプリで有名な国の国名は？その位置は、①～⑥のどこ？
Ⅱ 面積最小の国の国名は？その位置は、①～⑥のどこ？

☆西の端から「あー、森さん、馬鹿丸出し」だよ。

あー・①アンドラ
森・②モナコ
さん・③リヒテンシュタイン
　　④サンマリノ
馬鹿・⑤バチカン
丸出し・⑥マルタ

　アンドラは、ピレネー山脈中に位置し、自由関税地域で買物・登山・スキーの観光客が多い。
　モナコは、コートダジュールに位置する観光と商業の国。
　リヒテンシュタインは、スイスとオーストリアの間に位置し、観光業が中心の国。
　サンマリノは、世界最初の共和国で、観光や切手・コインの販売が収入源となっている。
　バチカン市国は、面積・人口ともに世界最小・最少の国で、元首はローマ法王で、資産運用や寄進、観光収入があり豊かである。
　マルタは、1989年、ソ連のゴルバチョフとアメリカのブッシュが会談し、冷戦終結を宣言した。造船業や観光業が盛んである。
　面積の小さい国（人口の少ない国は39ｐ）
1　バチカン　2　モナコ　3　ナウル　4　ツバル
　5　サンマリノ

Ⅰ　モナコ　②。
Ⅱ　バチカン　⑤。

気に入ったフレーズで覚えよう

北アメリカ 1

メキシコ以南パナマまでを中央アメリカといい、北アメリカ大陸の地峡部分である。
ほとんどの国が太平洋とカリブ海の両方に面しているが、④の国が太平洋だけに、⑥の国がカリブ海だけに面している。④と⑥の国名は？

☆最南端のパナマから、

朝食は「パン粉にエッグ、本当にベリーグッド」だよ。

パン粉にエッグ、
- ①パナマ
- ②コスタリカ
- ③ニカラグア
- ④エルサルバドル

本当にベリーグッド
- ⑤ホンジュラス
- ⑥ベリーズ
- ⑦グアテマラ

パナマを通過するパナマ運河は、閘門式運河でカリブ海と太平洋を結んでいる。鉄鉱石運搬船などの大型船は通過できないので、ブラジルから日本への鉄鉱石は喜望峰経由で送られる。
コスタリカ・ニカラグア・エルサルバドル・ホンジュラス・ベリーズ・グアテマラは、バナナ・コーヒーなどを中心とする農業国。

④　エルサルバドル
⑥　ベリーズ

気に入ったフレーズで覚えよう

第1章　クイズとゴロで覚える世界の国名と位置　35

北アメリカ2

カリブ海の北側の島々を大アンティル諸島という。
- Ⅰ　ブルーマウンテンで有名な国の国名は？その位置は、①～⑤のどこ？
- Ⅱ　2010年の大地震で30万人以上の死者が出た国・ハイチは、①～⑤のどこ？

☆北から東に
「バキバキの音、ジハードの戦い」
だよ。

バ・①バハマ
キ・②キューバ
ジ・③ジャマイカ
ハ・④ハイチ
ド・⑤ドミニカ共和国

バキバキの音、ジハードの戦い

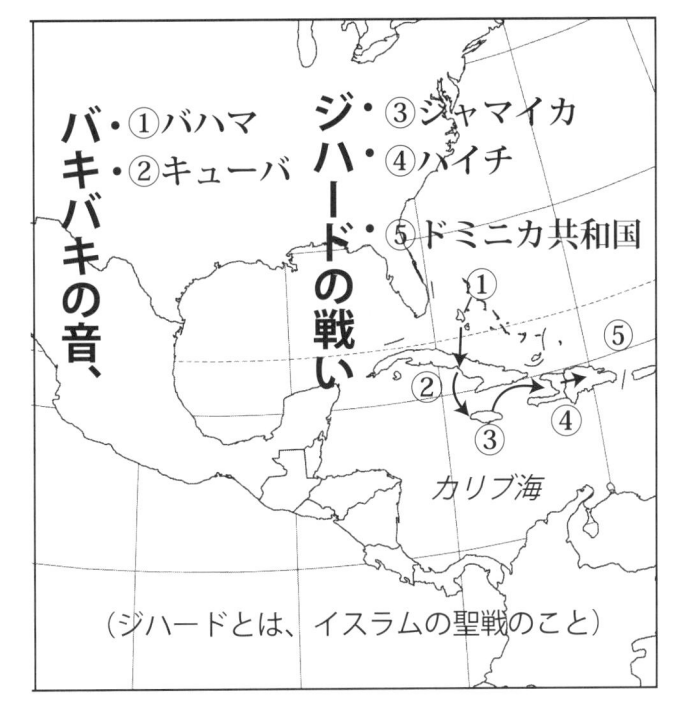

（ジハードとは、イスラムの聖戦のこと）

　バハマは、観光業とタックスヘイブン（租税回避地）による金融業の国。
　キューバは、社会主義国で、サトウキビのモノカルチャーの国。
　ブルーマウンテンは、ジャマイカのブルーマウンテン山脈の高地で栽培されるコーヒー豆。ジャマイカは、ボーキサイトの産出が多く、それを原料としたアルミニウム生産が盛ん。
　ハイチは、コーヒー・サトウキビの農業国である。2010年のハイチ大地震では約31万人の死者が発生した。西インド諸島は、北アメリカプレートとカリブプレートの挟まる境界にあたり、地震が多発する。
　ドミニカ共和国は、コーヒー・サトウキビ中心の農業国で、カリブ海諸国最高峰のドゥアルテ山（3175m）がある。

Ⅰ　ジャマイカ　③。
Ⅱ　④。

北アメリカ３

カリブ海東側の島々は、小アンティル諸島といい、火山島とサンゴ礁からなる。
Ⅰ 「香料の島」とも呼ばれるグレナダの位置は、①〜⑧のどこ？
Ⅱ 石油精製業の国・トリニダードトバゴの位置は、①〜⑧のどこ？

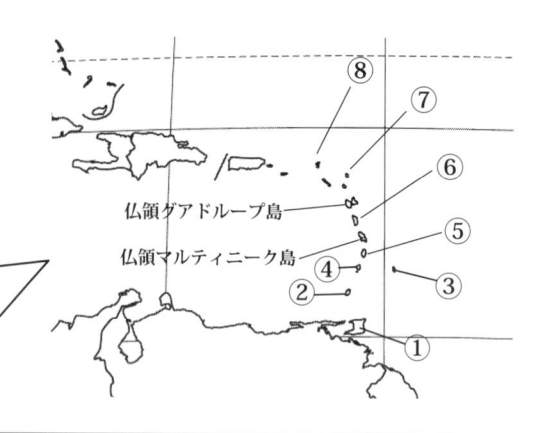

☆小アンティル諸島・南から

「鳥くれば、ピンセットをセットしてどうにかあーせんと」だよ。

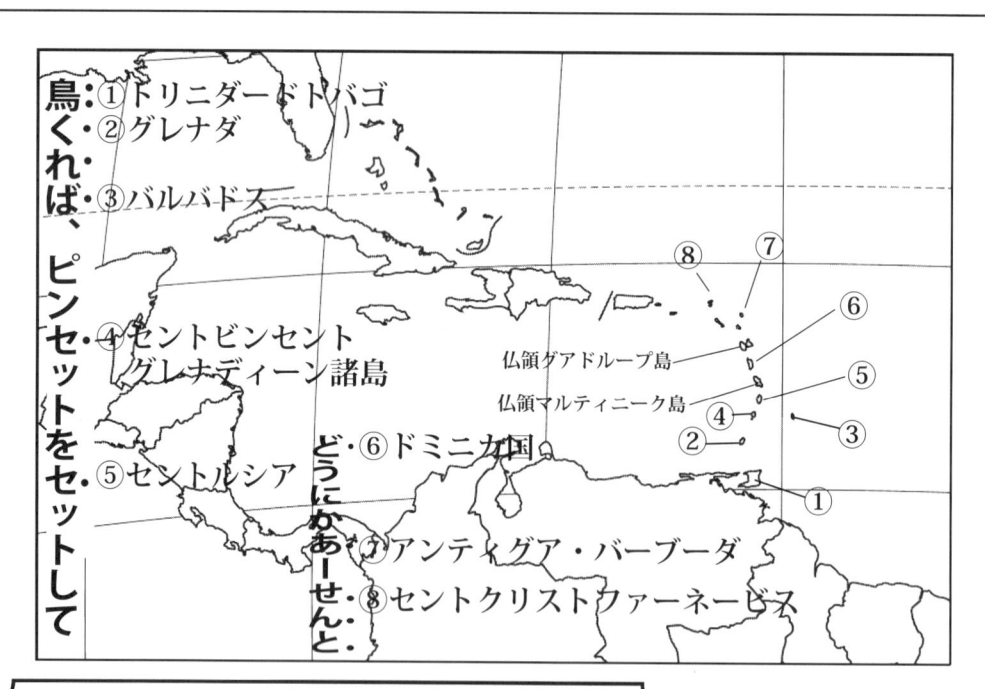

鳥：①トリニダードトバゴ
く・②グレナダ
れ・③バルバドス
ば、
ピ・④セントビンセント
ン　　グレナディーン諸島
セ
ッ
ト
を
セ・⑤セントルシア
ッ
ト
し
て・⑥ドミニカ国
ど
う
に・⑦アンティグア・バーブーダ
か
あ
ー
せ・⑧セントクリストファーネービス
ん
と

トリニダード・トバゴは、原油を産出し、石油精製業が盛ん。グレナダは、国旗にナツメグ（香辛料）の実が描かれ、ヨーロッパ・アメリカなどからのクルーズ船による観光業が盛ん。バルバドスは、観光業が中心。セントビンセントとセントルシアは、観光業とバナナ生産の国。ドミニカは、バナナ・ココナツ中心の農業国。アンティグア・バーブーダは、観光業の国。セントクリストファーネービスは、観光業と電気機械組み立て業の国。

Ⅰ ②。
Ⅱ ①。

気に入ったフレーズで覚えよう

第1章　クイズとゴロで覚える世界の国名と位置　37

南アメリカ1

南アメリカ北部の国々。
①〜⑤のうち赤道が通過している国が2国ある。それぞれの国名は？それぞれの国の位置は、①〜⑤のどこ？

☆西端から「エコを進めるラスベガス」だよ。

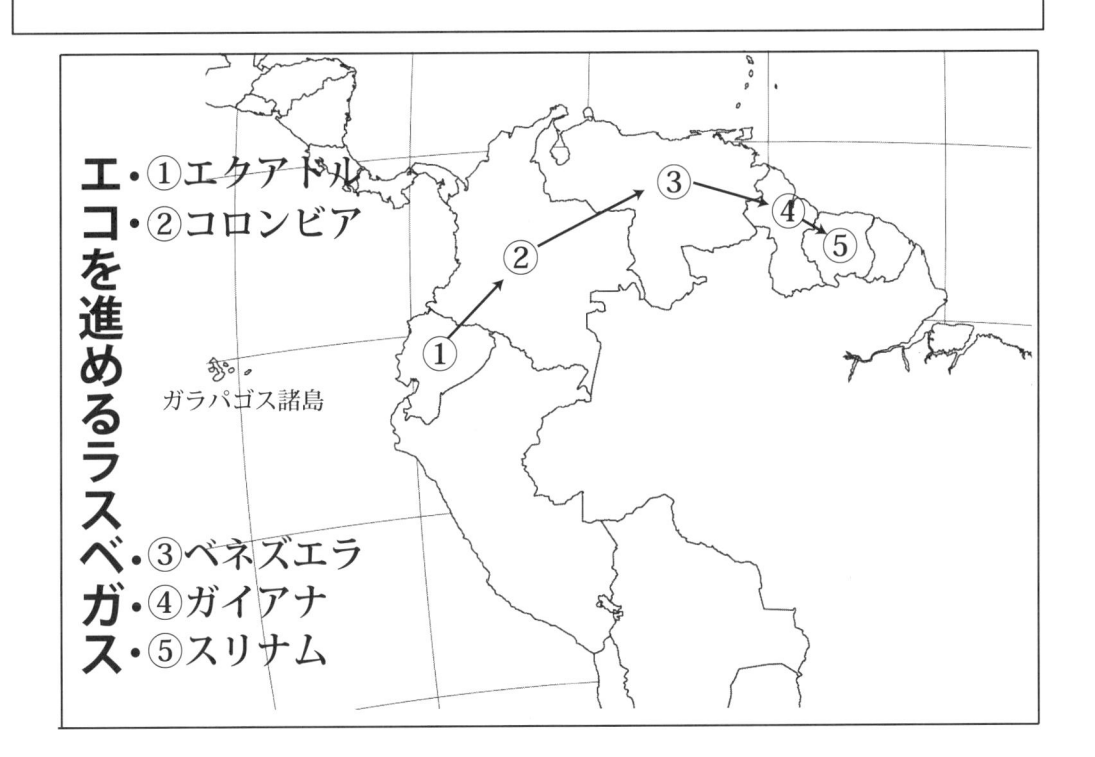

エ・①エクアドル
コ・②コロンビア
を
進
め
る
ラ・③ベネズエラ
ス・④ガイアナ
ベ
ガ・⑤スリナム
ス

ガラパゴス諸島

赤道は、エクアドルからアマゾン川河口を通過している。エクアドルは、赤道の意味で、石油を産出し、コーヒー・バナナなどを生産する。進化論のガラパゴス諸島もエクアドル。
　コロンビアは、コロンブスに由来し、コーヒー豆生産量が多く、石炭の生産量は南アメリカ最大で、石油も産出する。
　ベネズエラは、イタリアのベネチアに由来し、南アメリカ最大の産油国。
　ガイアナは、農業とボーキサイトの国。スリナムは、ボーキサイトの産出とアルミニウム生産の国。

エクアドルで　①。
コロンビアで　②。

オセアニア１

Ⅰ　リン鉱石の枯渇で国家存亡の危機に面している国の国名は？その位置は、①〜⑦のどこ？
Ⅱ　世界で最も早く日付が変わる国の国名は？その位置は、①〜⑦のどこ？

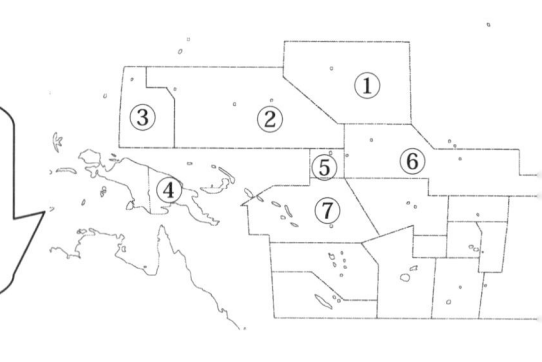

☆ミクロネシアの国々、反時計回りに
「マミーのパパ、泣きそうだ」だよ。

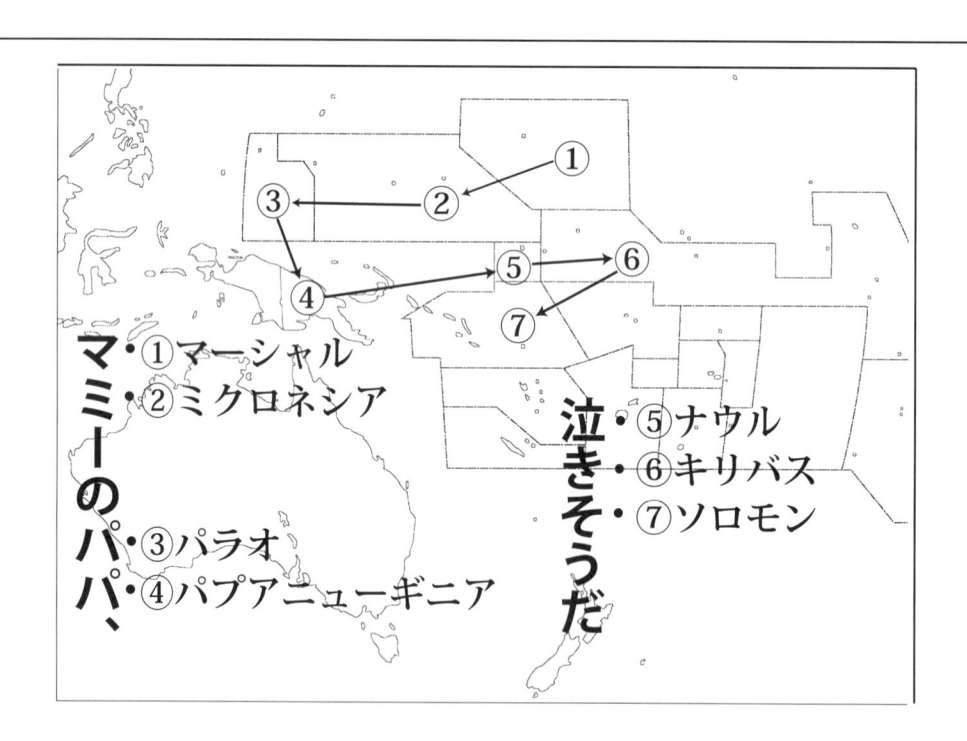

マ・①マーシャル
ミ・②ミクロネシア
ー
の・③パラオ
パ・④パプアニューギニア
パ、

泣・⑤ナウル
き・⑥キリバス
そ・⑦ソロモン
う
だ

南太平洋の島々は、東経・西経 180°線の東側をポリネシア、西側のうち赤道より北をミクロネシア、西側のうち赤道より南をメラネシアという。
　ミクロネシア・パラオは、1914 年〜 1945 年まで南洋群島と呼ばれ、日本の統治下にあった。
　ナウルは、リン鉱石を産出したが、掘りつくしてしまい、他の島への移住が検討されている。
　キリバスは、世界の中で最も早く一日が始まる国で、GMT よりも 14 時間早い。

Ⅰ　ナウル　⑤。
Ⅱ　キリバス　⑥。

気に入ったフレーズで覚えよう

第1章 クイズとゴロで覚える世界の国名と位置　39

オセアニア2

　バチカンに次いで人口の少ない国は、ツバル。その位置は、①～⑧のどこ？

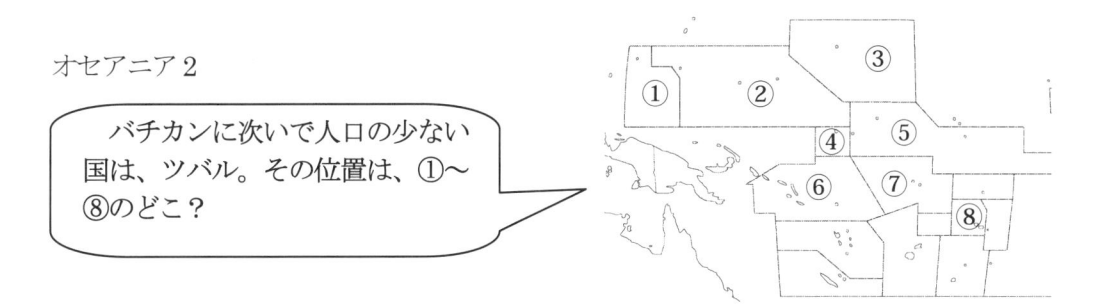

☆北西から「春はみまかり、泣きながら卒業さ」だよ。

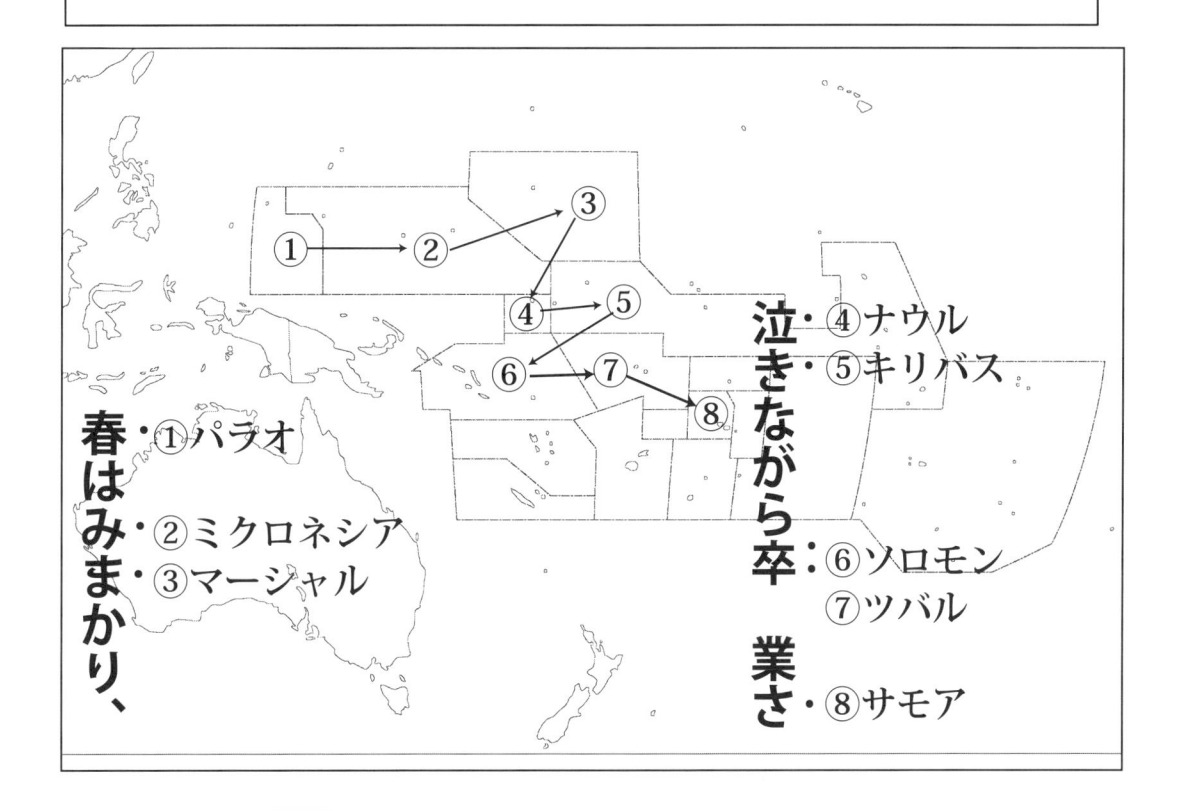

春・①パラオ
は・②ミクロネシア
み・③マーシャル
ま・④ナウル
か・⑤キリバス
り、
泣・⑥ソロモン
き
な
が
ら
卒・⑦ツバル
業
さ・⑧サモア

　マーシャルのビキニ島、エニウェトク島はアメリカの核実験場であった。
　ソロモンの首都ホニアラが位置するガダルカナル島は太平洋戦争末期に日本軍とアメリカ軍が激突した地である。
　ツバルは、バチカンに次いで人口が少なく、約9千人。モルディブに次いで海抜高度が低く（最高地点が5m）、温暖化で国家存亡の危機に。ツバルやサモアは、出稼ぎなどに頼る国。
　人口の少ない国（2010年）
1．バチカン　2．ツバル　3．ナウル　4．パラオ
5．サンマリノ

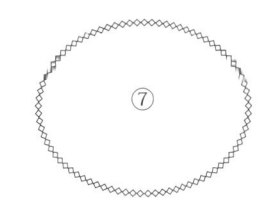

オセアニア3

冬至にはカボチャ。
日本の冬のカボチャは、トンガ産だ。トンガは、①〜④のどこ？

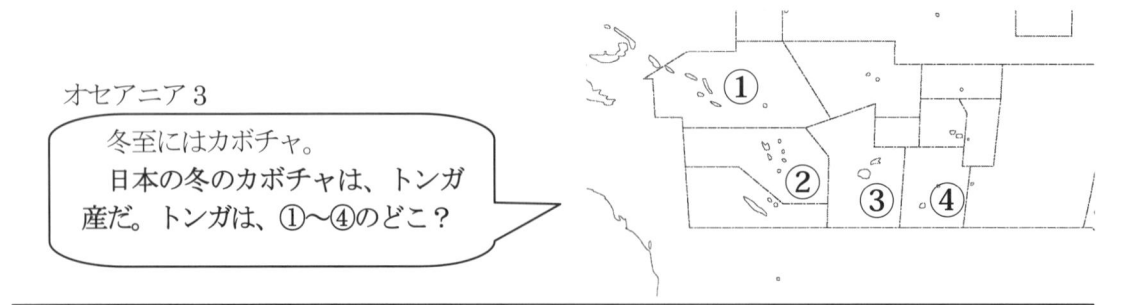

☆メラネシア、西から東に「**日本の蕎麦と布団が普及？**」だよ。

日本の蕎麦と布団が普及？
- ①ソロモン
- ②バヌアツ
- ③フィジー
- ④トンガ

バヌアツは、コプラなどを輸出する農業国。
フィジーは、フィジー人とイギリスの植民地時代に移住したインド系住民が主な民族であり、砂糖生産と観光の国。
トンガのカボチャ生産は、1990年代に、日本の商社が日本の冬至にカボチャ需要が多いことから、生産が始まり、現在トンガ経済の中心となっている。

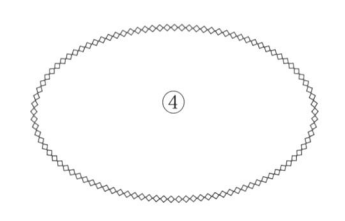

地図で確認するとまず安心

クイズを解きながら、地図で場所を見つけよう。答えをみながら地図でなるほどと納得して覚えよう。

第2章
紛らわしい国名と
その位置を
確認しよう

アイスランドとアイルランド　　　アルバニアとアルメニア　　　アンドラとアンゴラ
イラクとイラン　　　チェコとチャド　　　エストニアとエリトリア　　　リトアニアとリベリア
赤道ギニア、ギニア、ギニアビサウ　　　コソボとコモロ　　　コンゴ共和国とコンゴ民主共和国
スロバキアとスロベニア　　　セネガルとセルビア　　　ウルグアイとパラグアイ
ドミニカ共和国とドミニカ国　　　パナマとバハマ　　　ブルガリア、ブルキナファソ、ブルネイ、ブルンジ　　　モザンビーク、モナコ、モルディブ、モーリシャス、モロッコ、モンゴル、モンテネグロ　　　グルジアとグレナダ　　　インドとインドネシア　　　ソマリアとソロモン
ボツワナ、ボリビア、ボスニア・ヘルツェゴビナ　　　オーストラリアとオーストリア
トルコとトンガ　　　キリバスとキルギス
紛らわしい国名は、以上の国名くらいなもの。一度確認すれば、大丈夫。

紛らわしい国名とその位置 1

Q1　アイスランドとアイルランド。地図中の①a、①bのうち、アイスランドはどちら？

Q2　アルバニアとアルメニア。地図中の②a、②bのうち、アルバニアはどちら？

Q3　アンドラとアンゴラ。地図中の③a、③bのうち、アンゴラはどちら？

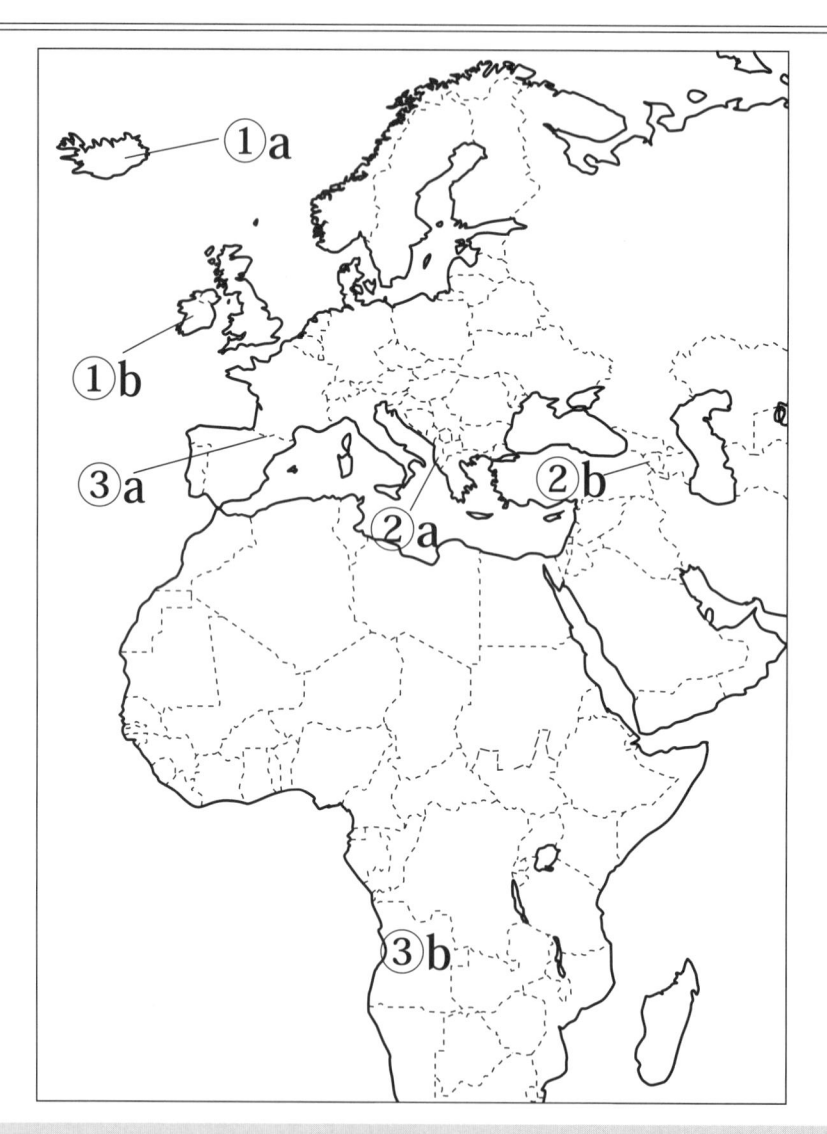

Q1　正解は①a。アイスランドは、「氷の島」だから、北に位置するのがアイスランド、南がアイルランド。

Q2　正解は②a。アドリア海の東側の国が、アルバニア。アルバニアの語源は、白い。つまり、石灰岩地域である地中海沿岸がアルバニア。カフカス山脈中の国がアルメニア。

Q3　正解は③b。ピレネー山脈中で冬のスキーや夏のトレッキングが盛んなヨーロッパの小さな内陸国がアンドラで、アフリカの南部の石油産出国がアンゴラ。

紛らわしい国名とその位置2

Q4　イラクとイラン。地図中の④a、④bのうち、イランはどちら？

Q5　チェコとチャド。地図中の⑤a、⑤bのうち、チャドはどちら？

Q6　エストニアとエリトリア。地図中の⑥a、⑥bのうち、エリトリアはどちら？

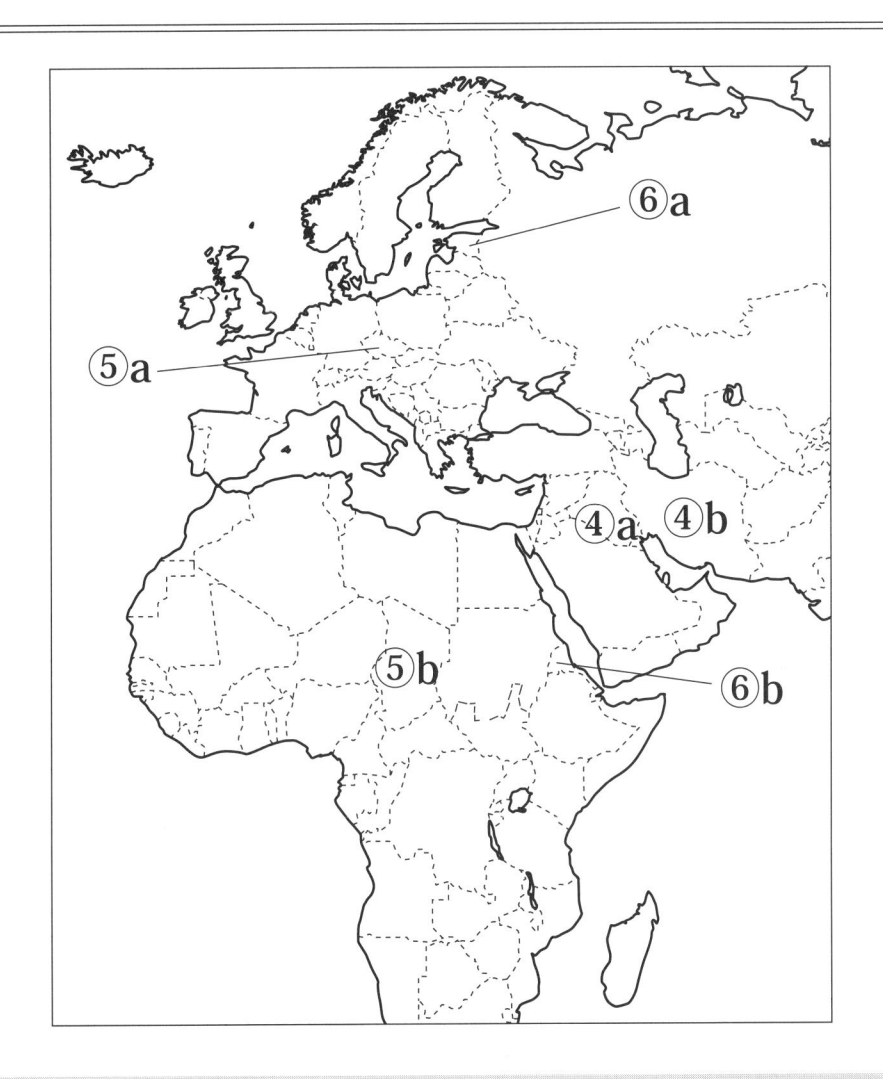

Q4　正解は④b。9pの「買うと？いや、イラン」「愛のあるイラン、いいよ」からイランの位置を特定しよう。首都バグダッド、テヘランからも区別がつく。首都名に「グ」がつくほうがイラク、「ン」がつくほうがイラン。

Q5　正解は⑤b。チェコは、かつて一つの国であった「チェコスロバキア」から分離独立したため、スロバキアの西隣。チャドはアフリカ中央、首都は「ンジャメナ」で特色がある。

Q6　正解は⑥b。28pの「フェラーリで南へ」のエストニア。1993年、エチオピアから独立したのがエリトリアであるから、エリトリアはエチオピアの隣国。

紛らわしい国名とその位置 3

> Q7 リトアニアとリベリア。地図中の⑦a、⑦bのうち、リベリアはどちら？
> Q8 赤道ギニア、ギニア、ギニアビサウ。地図中の⑧a、⑧b、⑧cのうち、ギニアはどこ？
> Q9 コソボとコモロ。地図中の⑨a、⑨bのうち、コモロはどちら？

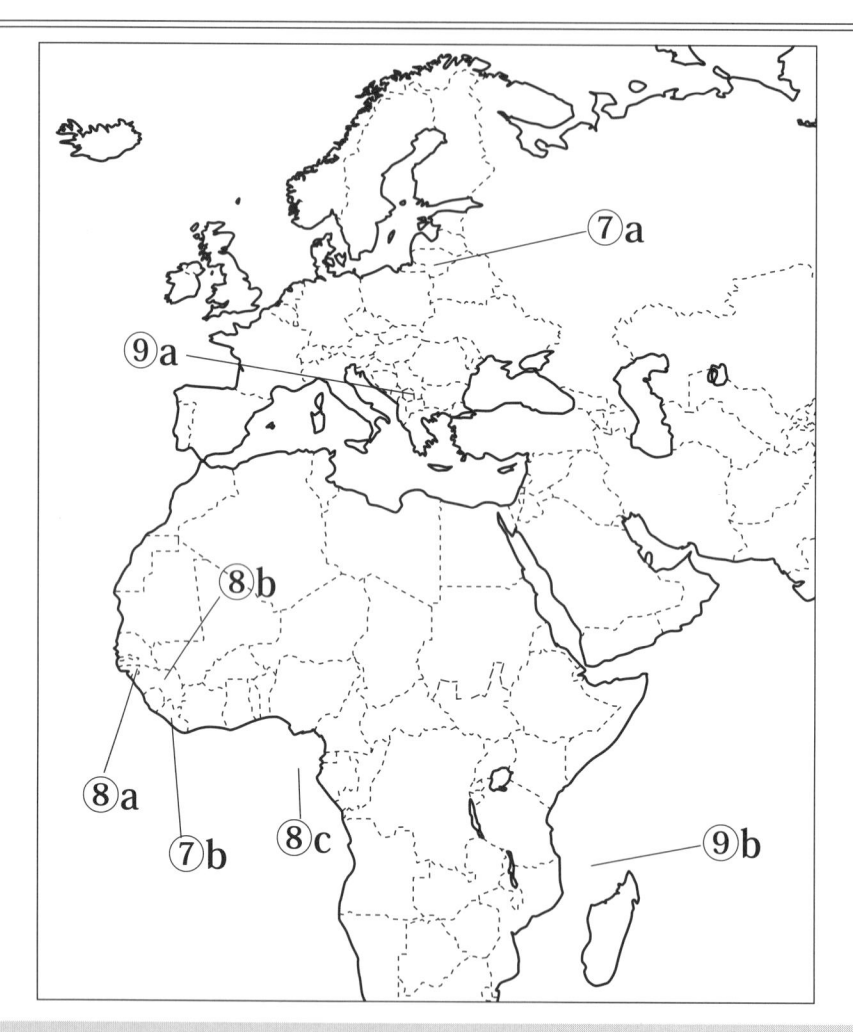

Q7 正解は⑦b。28pの「フェラーリで南へ」のリトアニア、また、杉原千畝のリトアニア。アメリカの解放奴隷が建国したことから自由の地であることを意味するリベリアは、アフリカに位置。

Q8 正解は⑧b。ギニアの由来の一つは「黒人たちの土地」。そのため、ギニアとつく国が3か国もある。21pの「背が高いギニアビサウの技師、利口ね」からギニアビサウとギニアを区別。赤道ギニアは国名どおり赤道が通過している。アフリカ大陸における赤道は、ギニア湾南部、コンゴ盆地、ケニア南部を通過。

Q9 正解は9b。25p「安全は、スモールセコモ」に注目して、コモロを覚えよう。コソボは、1990年ユーゴスラビアから独立。

紛らわしい国名とその位置 4

> Q10 コンゴ共和国とコンゴ民主共和国。地図中の⑩a、⑩bのうち、コンゴ民主共和国はどちら？
> Q11 スロバキアとスロベニア。地図中の⑪a、⑪bのうち、スロバキアはどちら？
> Q12 セネガルとセルビア。地図中の⑫a、⑫bのうち、セルビアはどちら？

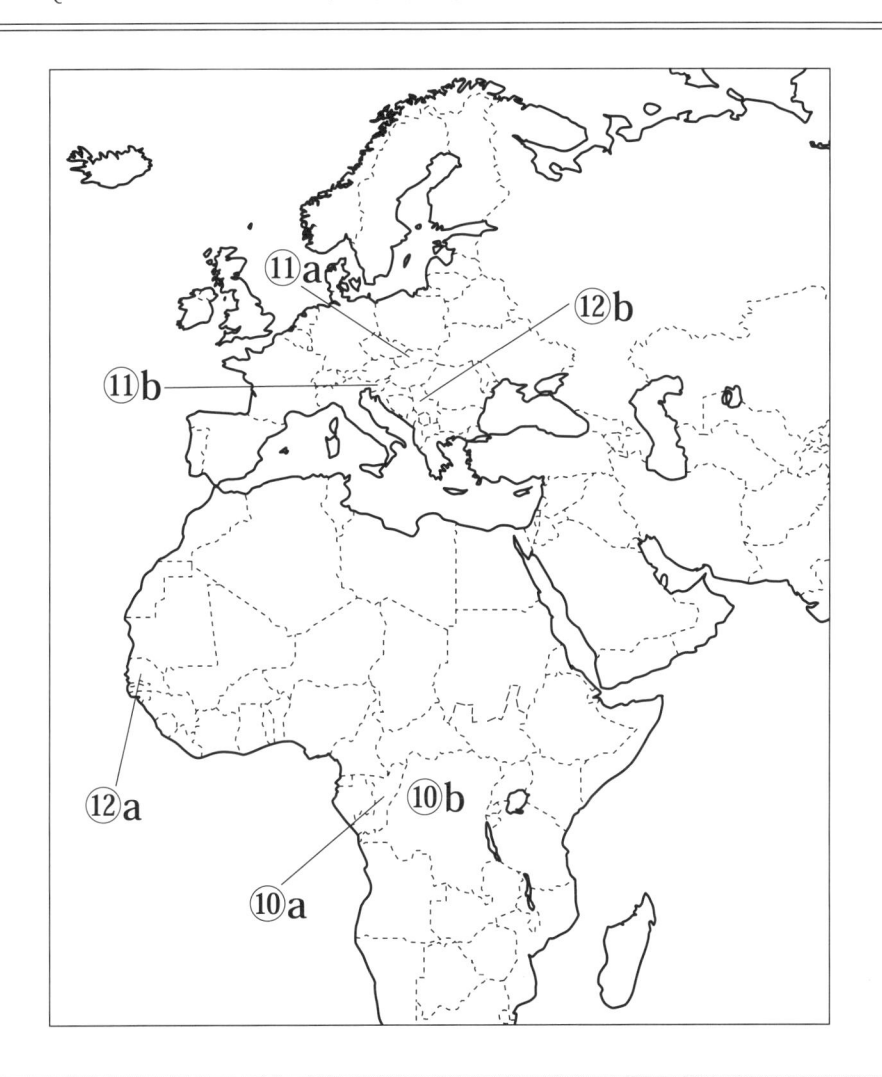

Q10 正解は⑩b。面積の大きいほうが国名の字数が多いコンゴ民主共和国。面積の小さいほうが、字数が少ないコンゴ共和国。

Q11 正解は⑪a。1993年まで一つの国であった『チェコスロバキア』から、チェコの東隣がスロバキア。スロベニアは、アドリア海に面する国で、31pの「雄の狂ったボスとの戦争も困る」から。

Q12 正解は12b。セネガルの首都はダカールで、パリ・ダカールラリーから。また、アフリカ大陸最西端の国。セルビアはかつてのユーゴスラビアを形成していたヨーロッパの国。

紛らわしい国名とその位置 5

> Q13　ウルグアイとパラグアイ。地図中の⑬a、⑬bのうち、パラグアイはどちら？
> Q14　ドミニカ共和国とドミニカ国。地図中の⑭a、⑭bのうち、ドミニカ国はどちら？
> Q15　パナマとバハマ。地図中の⑮a、⑮bのうち、バハマはどちら？

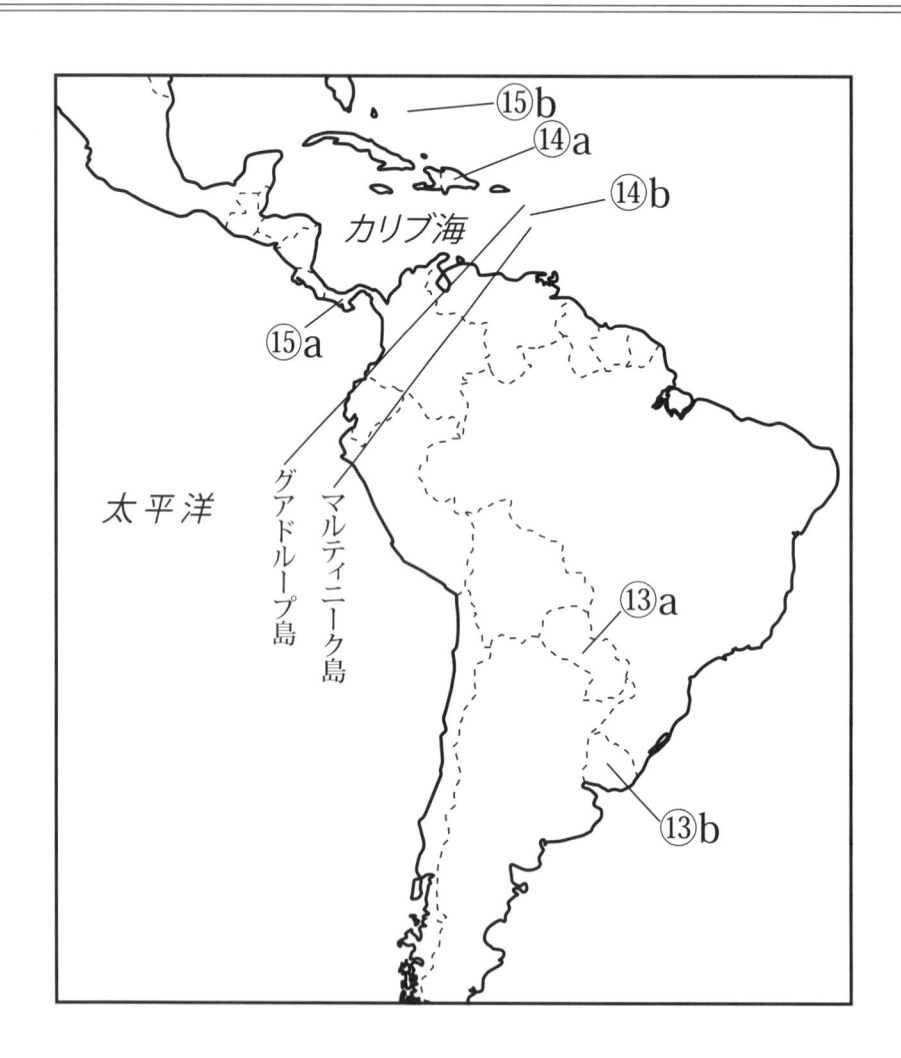

Q13　正解は⑬a。内陸国がパラグアイだから「内陸でパラグライダー」と覚えよう。大西洋に面しているのがウルグアイ。
Q14　正解は⑭b。面積の広いほうが、国名に文字数の多いドミニカ共和国。面積の小さいほうが、国名に字数が少ないドミニカ国。
Q15　正解は⑮b。カリブ海と太平洋を結ぶパナマ運河があるのが、パナマ。バハマはコロンブスが上陸したとされるサンサルヴァドル島がある。

紛らわしい国名とその位置6

> Q16　ブルガリア、ブルキナファソ、ブルネイ、ブルンジ。地図中の⑯a～⑯dうち、ブルキナファソ、ブルンジはそれぞれどこ？
>
> Q17　モザンビーク、モナコ、モルディブ、モーリシャス、モロッコ、モンゴル、モンテネグロ。地図中の⑰a～⑰gのうち、モザンビーク、モルディブはそれぞれどこ？

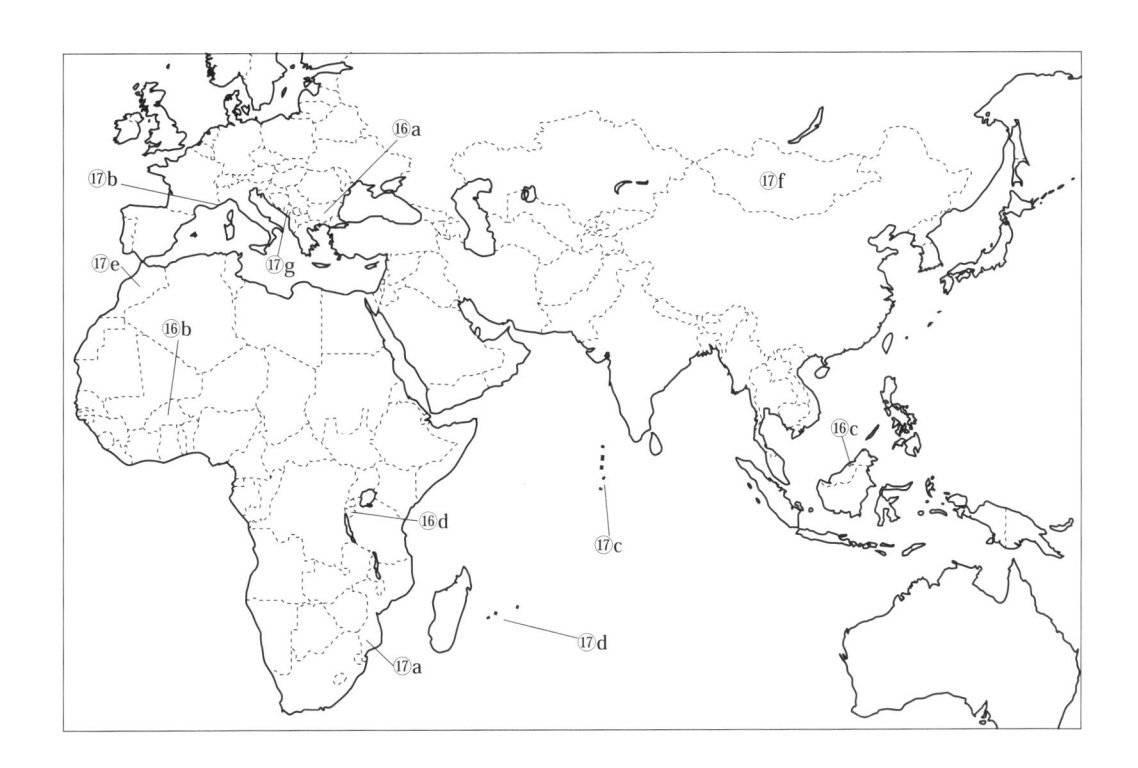

Q16　正解はブルキナファソ⑯b、ブルンジ⑯d。ブルガリアは、ブルガリアヨーグルトからヨーロッパの農業国（または、32p「ギリシアのブルウベリー」から）。マレーシアに囲まれた産油国がブルネイ。ブルキナファソの旧国名はオートボルタ（ボルタ川の上流）で、アフリカに位置。ブルンジは、19p「アフリカ中央のウルフ」から。

Q17　正解はモザンビーク⑰a、モルディブ⑰c。25pの「安全は、スモールセコモ」からモルディブ、モーリシャス。また、モルディブの由来は「サンゴ礁の花輪の島々」だから、インド南西部の島々。モザンビークは、17pの「そっけない態度、もうするなよ」から。モナコは、33pの「あー森さん、馬鹿丸出し」から。モロッコは、15pの「北アフリカエリア中のもろもろの国」、国名の由来「日の没する地の王国」から北アフリカ西端の国。モンゴルは、大相撲の白鵬の出身地。モンテネグロは1993年ユーゴスラビアから独立した国。

紛らわしい国名とその位置 7

Q18　グルジアとグレナダ。地図中の⑱a、⑱bのうち、グルジアはどちら？

Q19　インドとインドネシア。地図中の⑲a、⑲bのうち、インドネシアはどちら？

Q20　ソマリアとソロモン。地図中の⑳a、⑳bのうち、ソロモンはどちら？

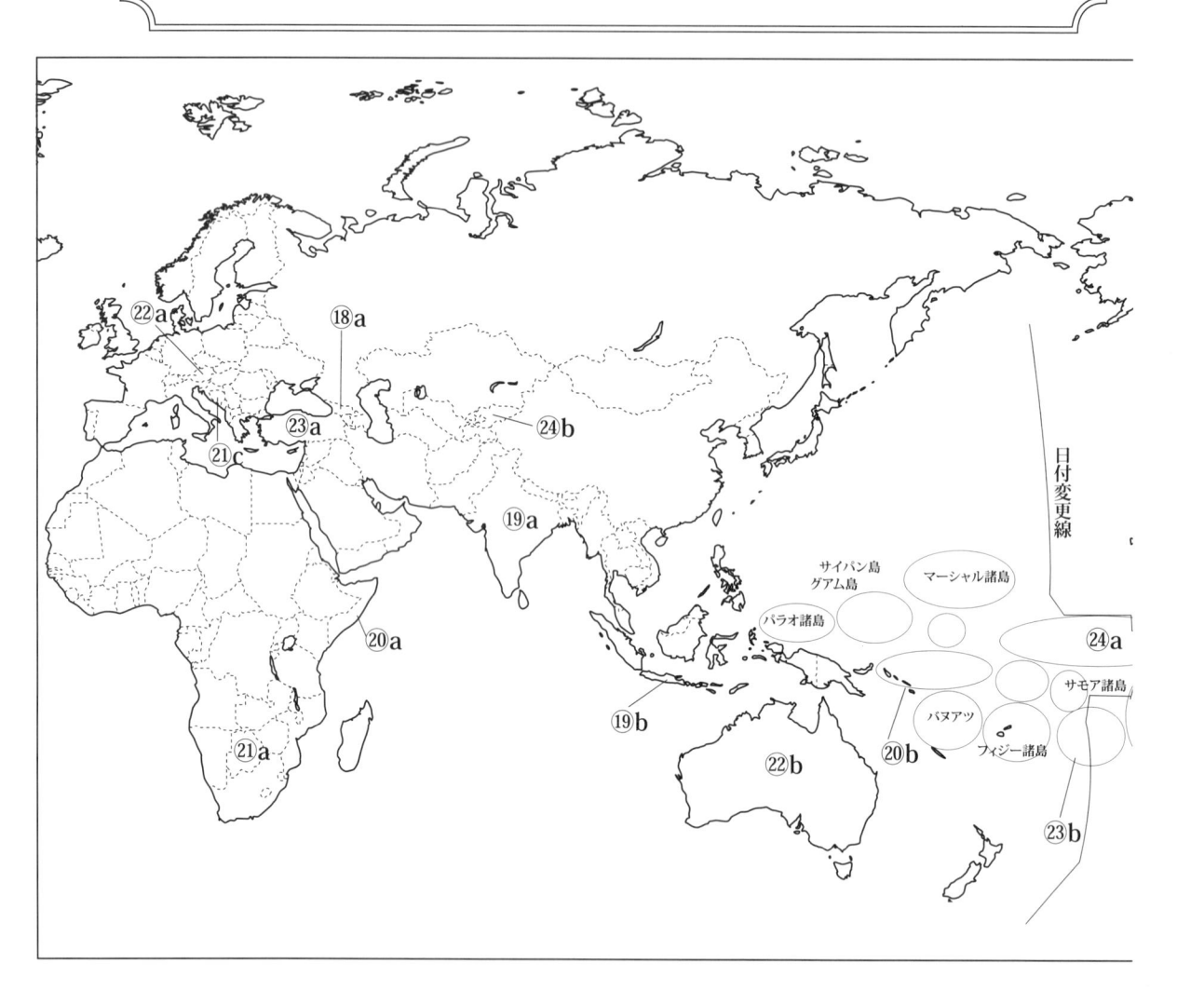

Q18　正解は⑱a。黒海に面する旧ソ連の構成国だったのがグルジア。小アンチル諸島の島国がグレナダ。
Q19　正解は⑲b。「…ネシア」は「…島」の意味。島国がインドネシア。

Q20　正解は⑳b。「アフリカの角」と呼ばれるソマリア。金を発見したスペイン人が「ソロモンの財宝」から名づけたソロモン。

Q21　ボツワナ、ボリビア、ボスニア・ヘルツェゴビナ。地図中の㉑a、㉑b、㉑cのうち、ボツワナはどこ？
Q22　オーストラリアとオーストリア。地図中の㉒a、㉒bのうち、オーストラリアはどちら？
Q23　トルコとトンガ。地図中の㉓a、㉓bのうち、トンガはどちら？
Q24　キリバスとキルギス。地図中の㉔a、㉔bのうち、キリバスはどちら？

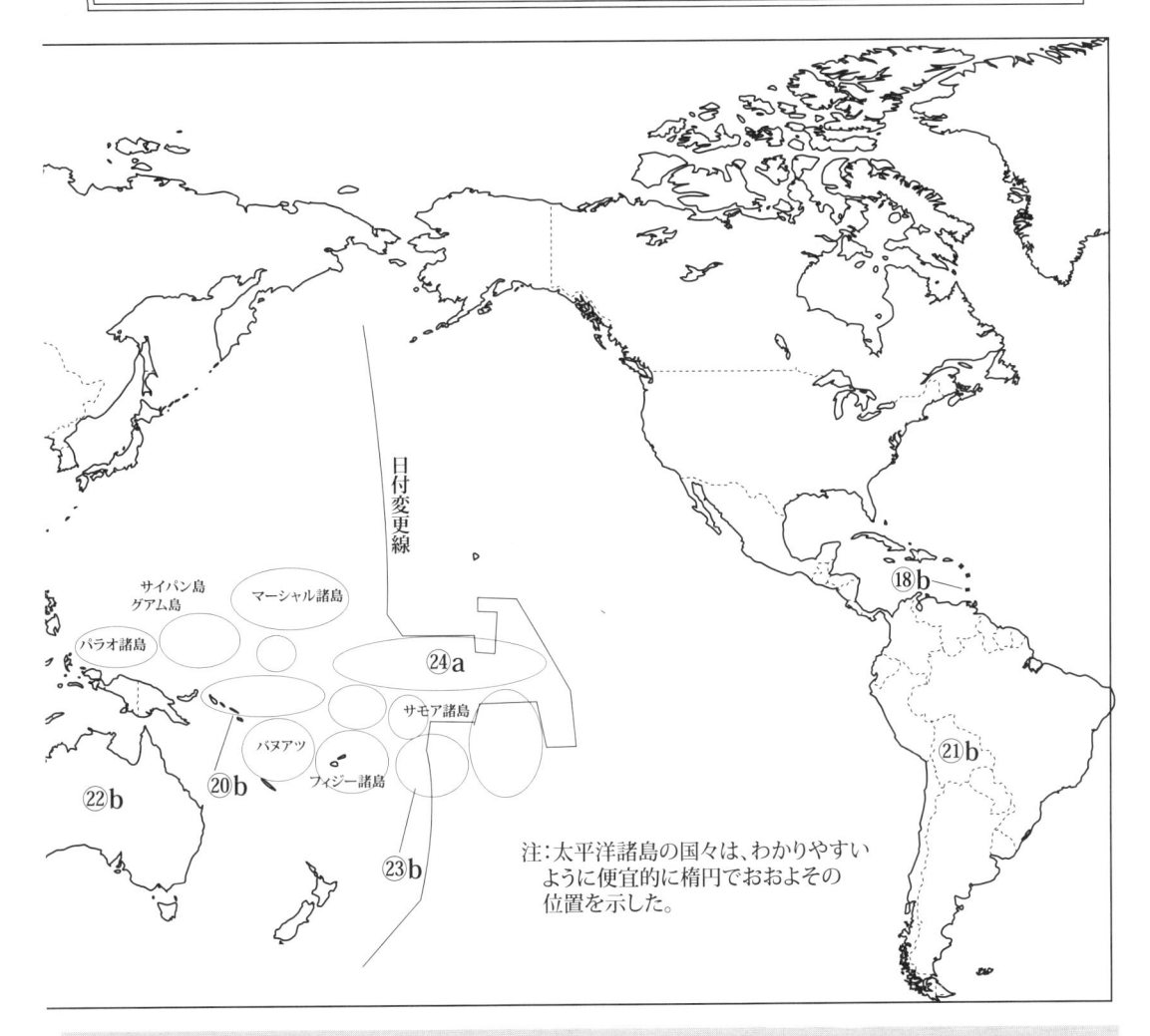

注：太平洋諸島の国々は、わかりやすいように便宜的に楕円でおおよその位置を示した。

Q21　正解は㉑a。23p「神通力なし、ざあーと波をかぶって沈没」のボツワナから、アフリカの内陸国がボツワナ。南アメリカの内陸国が、ボリビア。31pの「雄の狂ったボスとの戦争も困る」からバルカン半島の国が、ボスニア・ヘルツェゴビナ。
Q22　正解は㉒b。面積の広い国のほうが、国名の字数の多いオーストラリア。面積が小さいほうが、国名の字数が少ないオーストリア。オーストリアはドイツ語で「東の国」の意味で、ヨーロッパの東に位置するから。オーストラリアはラテン語で、「南の地」の意味。
Q23　正解は㉓b。アジアとヨーロッパの両方にまたがる国がトルコ。南太平洋の島国がトンガ。
Q24　正解は㉔a。日付変更線のすぐ西側の国・世界で最も早く1日が始まるキリバス。8p「父さん、母さん、来た」からキルギスは天山山脈の西に位置するアジア大陸の内陸国。

第30回オリンピック 2012年ロンドン
7月27日～8月12日
開会式予想入場順 その1

(未確定・ペキンオリンピック参加国・地域を基に作成・アルファベット順)

	国名 地域名（網）	略称	正式国名と国名の由来（☆） クイズとゴロで覚える国名と位置（★） 紛らわしい国名と位置（※） 掲載ページ
1	ギリシャ	GRE	☆82 p、★32 p
2	アフガニスタン	AFG	☆76 p、★9 p
3	オランダ領アンティル諸島	AHO	
4	アルバニア	ALB	☆84 p、　　　※42 p
5	アルジェリア	ALG	☆78 p、★15 p
6	アンドラ	AND	★33 p、※42 p
7	アンゴラ	ANG	☆81 p、★22 p、※42 p
8	アンティグア・バーブーダ	ANT	☆87 p、★36 p
9	アルゼンチン	ARG	☆88 p
10	アルメニア	ARM	☆85 p、★14 p、※42 p
11	アルバ（オランダ領）	ARU	
12	アメリカ領サモア	ASA	
13	オーストラリア	AUS	☆89 p、　　　※48、49 p
14	オーストリア	AUT	☆82 p、★29 p、※48、49 p
15	アゼルバイジャン	AZE	☆85 p、★14 p
16	バハマ	BAH	☆87 p、★35 p、※46 p
17	バングラディシュ	BAN	☆74 p、★5 p
18	バルバドス	BAR	☆87 p、★36 p
19	ブルンジ	BDI	☆80 p、★19 p、※47 p
20	ベルギー	BEL	☆82 p、★26 p
21	ベナン	BEN	☆79 p、★20 p
22	（イギリス領）バミューダ諸島	BER	
23	ブータン	BHU	☆74 p、★5 p
24	ボスニア・ヘルツェゴビナ	BIH	☆84 p、★31 p、※49 p
25	ベリーズ	BIZ	☆86 p、★34 p
26	ベラルーシ	BLR	☆83 p、★32 p
27	ボリビア	BOL	☆88 p、　　　※49 p
28	ボツワナ	BOT	☆81 p、★22、23 p ※49 p
29	ブラジル	BRA	☆88 p
30	バーレーン	BRN	☆76 p、★12 p
31	ブルガリア	BUL	☆84 p、★32 p、※47 p
32	ブルキナファソ	BUR	☆79 p、　　　※47 p
33	中央アフリカ	CAF	☆80 p
34	カンボジア	CAM	☆73 p、★2、3 p
35	カナダ	CAN	☆86 p
36	ケイマン諸島	CAY	
37	コンゴ共和国	CGO	☆80 p、★22 p、※45 p
38	チャド	CHA	☆78 p、★16 p、※43 p
39	チリ	CHI	☆88 p

（70ページにつづく）

第3章
首都名・その覚え方と位置

東アジア　首都名・その覚え方と位置

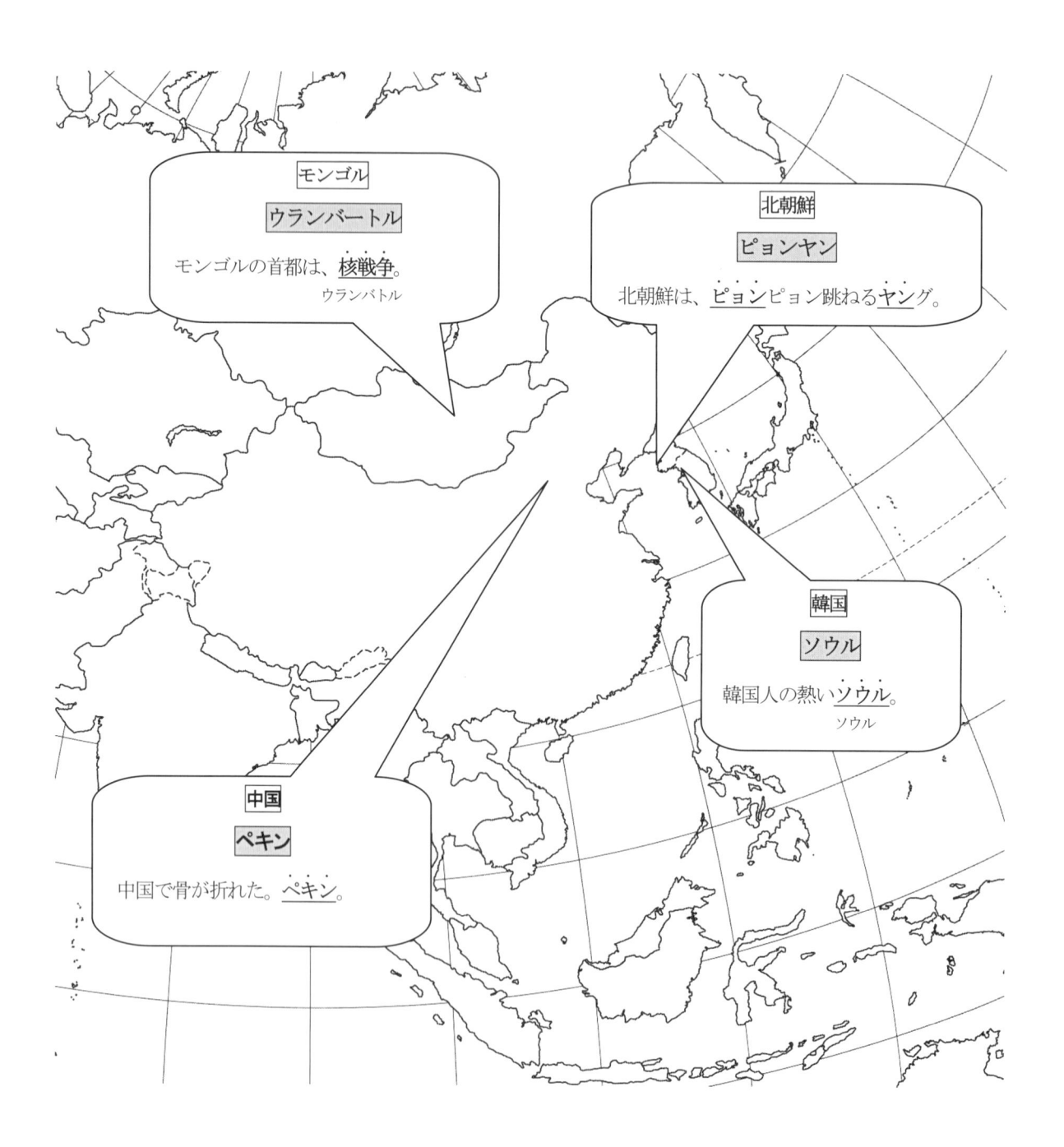

モンゴル
ウランバートル
モンゴルの首都は、核戦争。
　　　　　　　　ウランバトル

北朝鮮
ピョンヤン
北朝鮮は、ピョンピョン跳ねるヤング。

韓国
ソウル
韓国人の熱いソウル。
　　　　　　ソウル

中国
ペキン
中国で骨が折れた。ペキン。

気に入ったフレーズで覚えよう

第3章 首都名・その覚え方と位置　53

東南アジア　首都名・その覚え方と位置

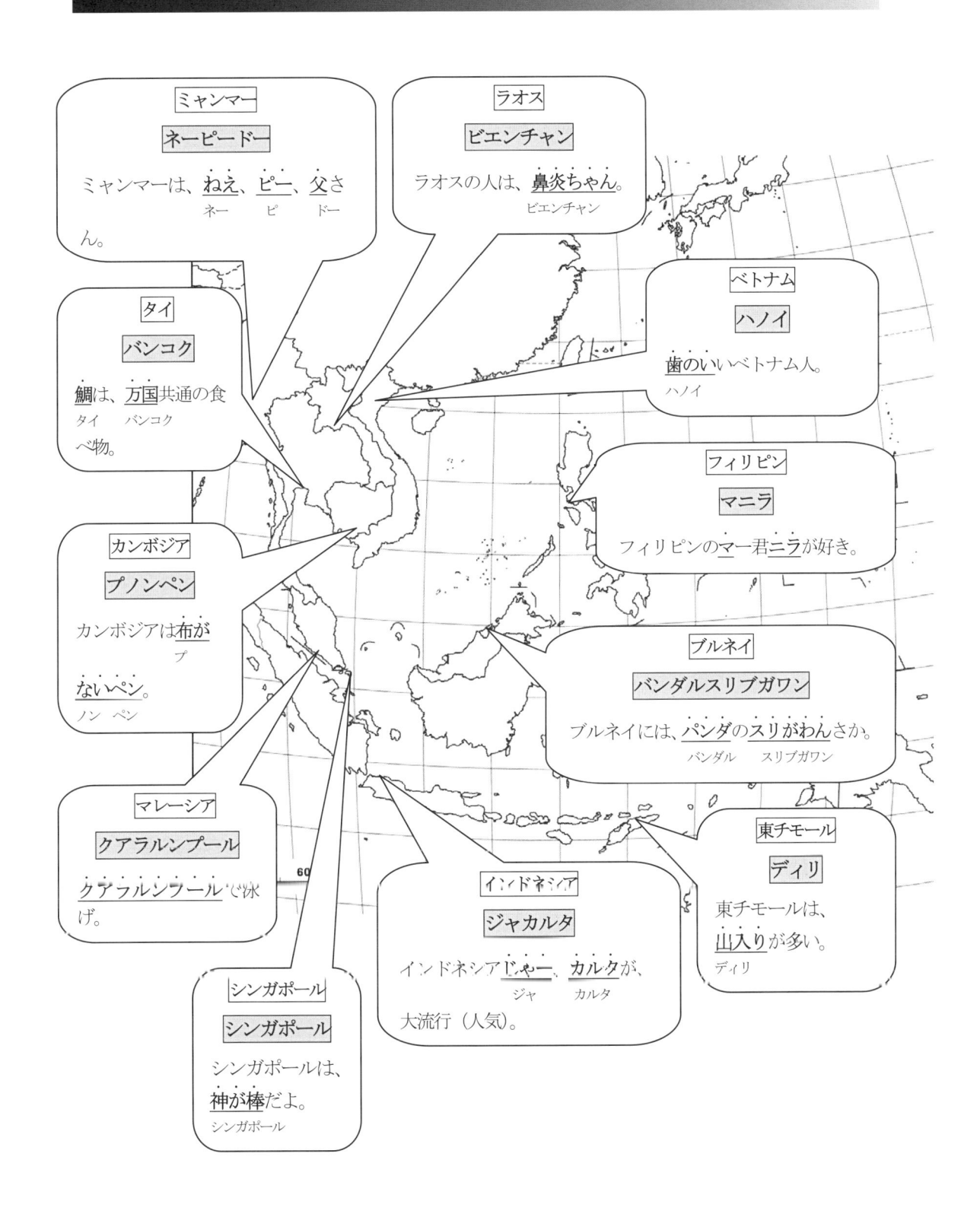

ミャンマー　ネーピードー
ミャンマーは、ねえ、ピー、父さん。
　　　　　　ネー　ピ　ドー

ラオス　ビエンチャン
ラオスの人は、鼻炎ちゃん。
　　　　　　ビエンチャン

ベトナム　ハノイ
歯のいいベトナム人。
ハノイ

タイ　バンコク
鯛は、万国共通の食べ物。
タイ　バンコク

フィリピン　マニラ
フィリピンのマー君ニラが好き。

カンボジア　プノンペン
カンボジアは布がないペン。
　　　　　　プ　　　ノン ペン

ブルネイ　バンダルスリブガワン
ブルネイには、パンダのスリがわんさか。
　　　　　　バンダル　スリブガワン

マレーシア　クアラルンプール
クアラルンプールで泳げ。

インドネシア　ジャカルタ
インドネシアじゃー、カルタが、
　　　　　　　ジャ　　カルタ
大流行（人気）。

東チモール　ディリ
東チモールは、山入りが多い。
　　　　　　ディリ

シンガポール　シンガポール
シンガポールは、神が棒だよ。
　　　　　　　シンガポール

南アジア 首都名・その覚え方と位置

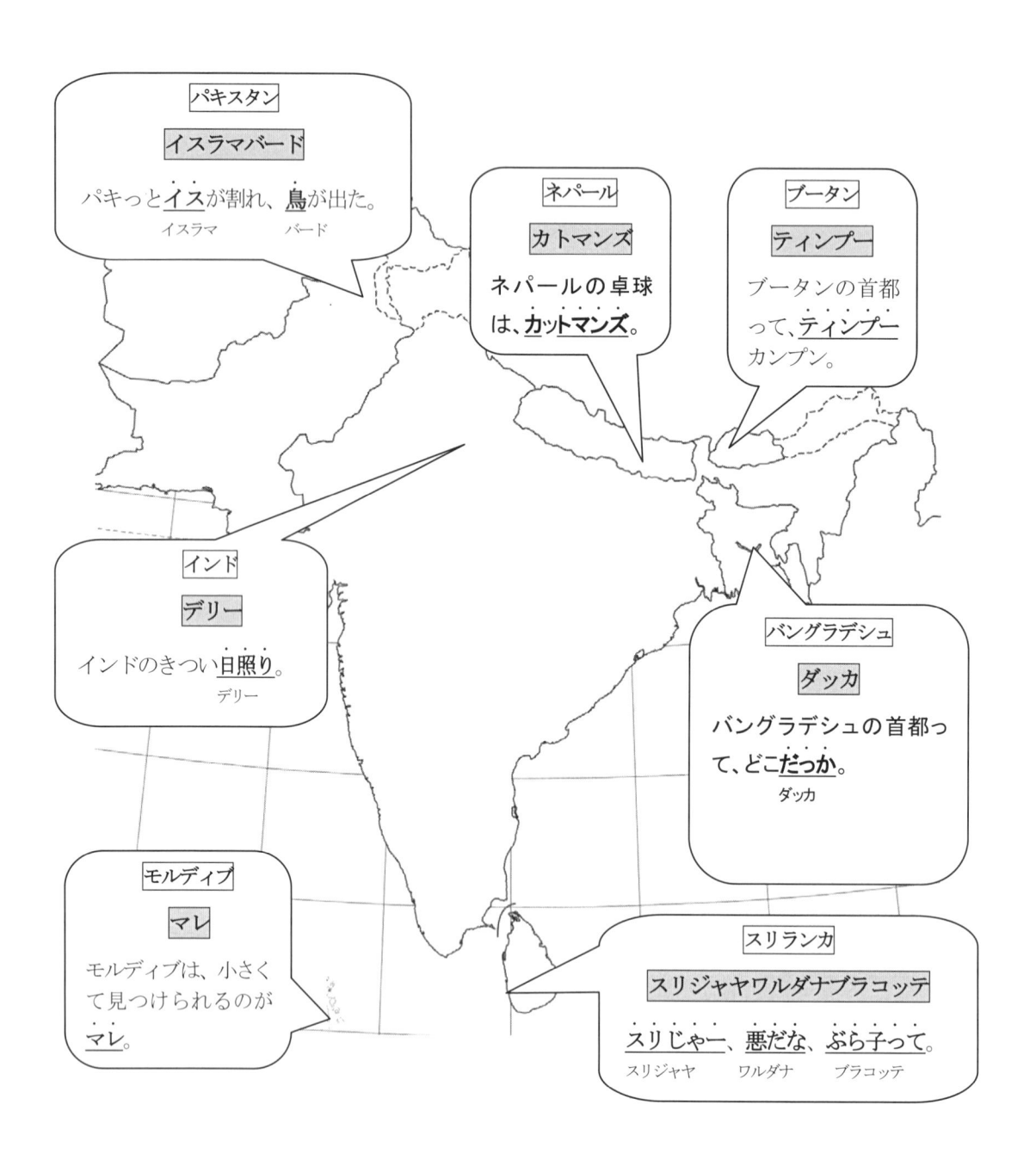

パキスタン
イスラマバード
パキっとイスが割れ、鳥が出た。
　　　イスラマ　　　バード

ネパール
カトマンズ
ネパールの卓球は、カットマンズ。

ブータン
ティンプー
ブータンの首都って、ティンプーカンプン。

インド
デリー
インドのきつい日照り。
　　　　　　デリー

バングラデシュ
ダッカ
バングラデシュの首都って、どこだっか。
　　　　　　　　　　　ダッカ

モルディブ
マレ
モルディブは、小さくて見つけられるのがマレ。

スリランカ
スリジャヤワルダナプラコッテ
スリじゃー、悪だな、ぶら子って。
スリジャヤ　ワルダナ　プラコッテ

中央アジア　首都名・その覚え方と位置

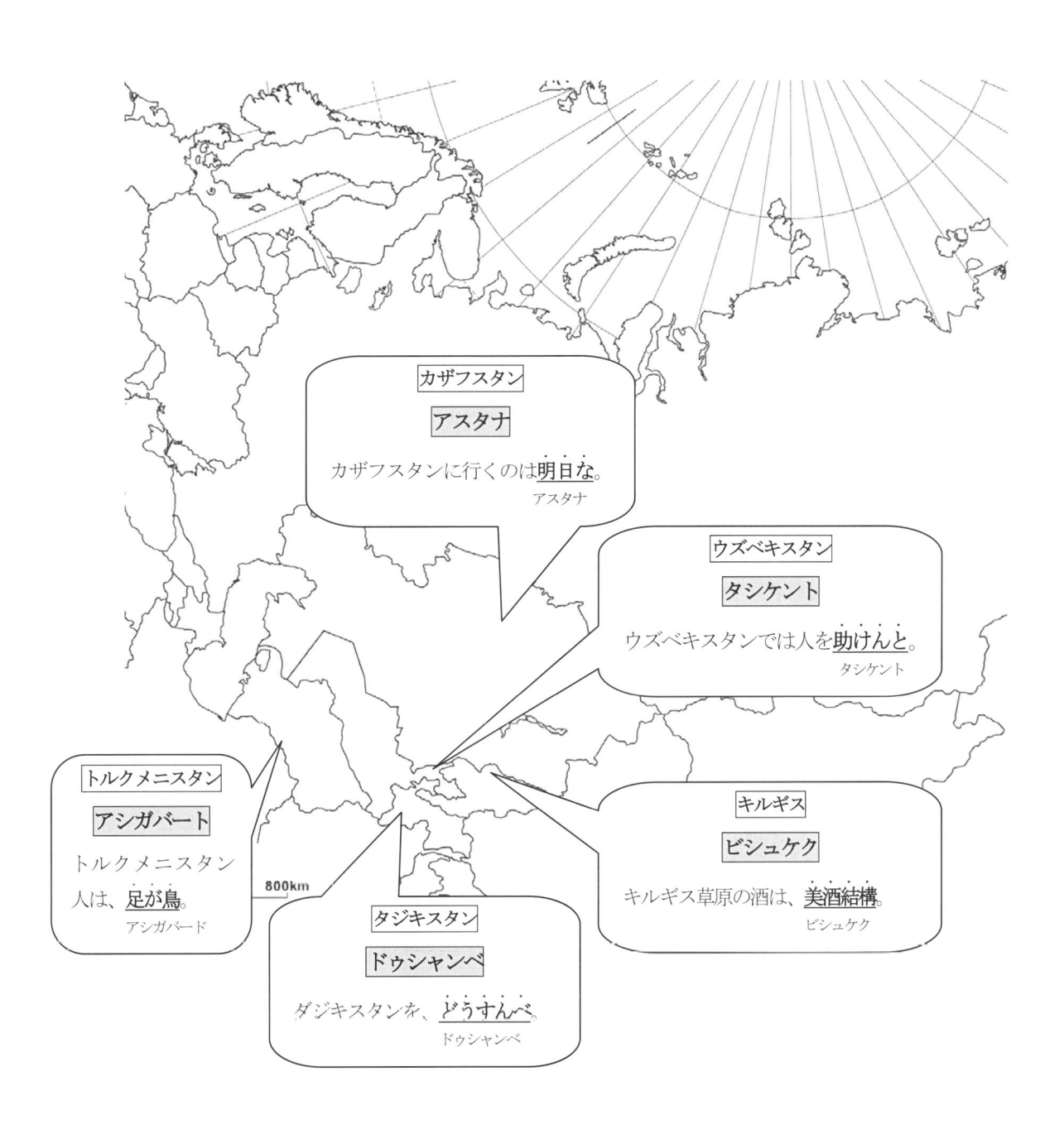

カザフスタン
アスタナ
カザフスタンに行くのは明日な。
アスタナ

ウズベキスタン
タシケント
ウズベキスタンでは人を助けんと。
タシケント

トルクメニスタン
アシガバート
トルクメニスタン人は、足が鳥。
アシガバード

タジキスタン
ドゥシャンベ
タジキスタンを、どうすんべ。
ドゥシャンベ

キルギス
ビシュケク
キルギス草原の酒は、美酒結構。
ビシュケク

西アジア 首都名・その覚え方と位置 その1

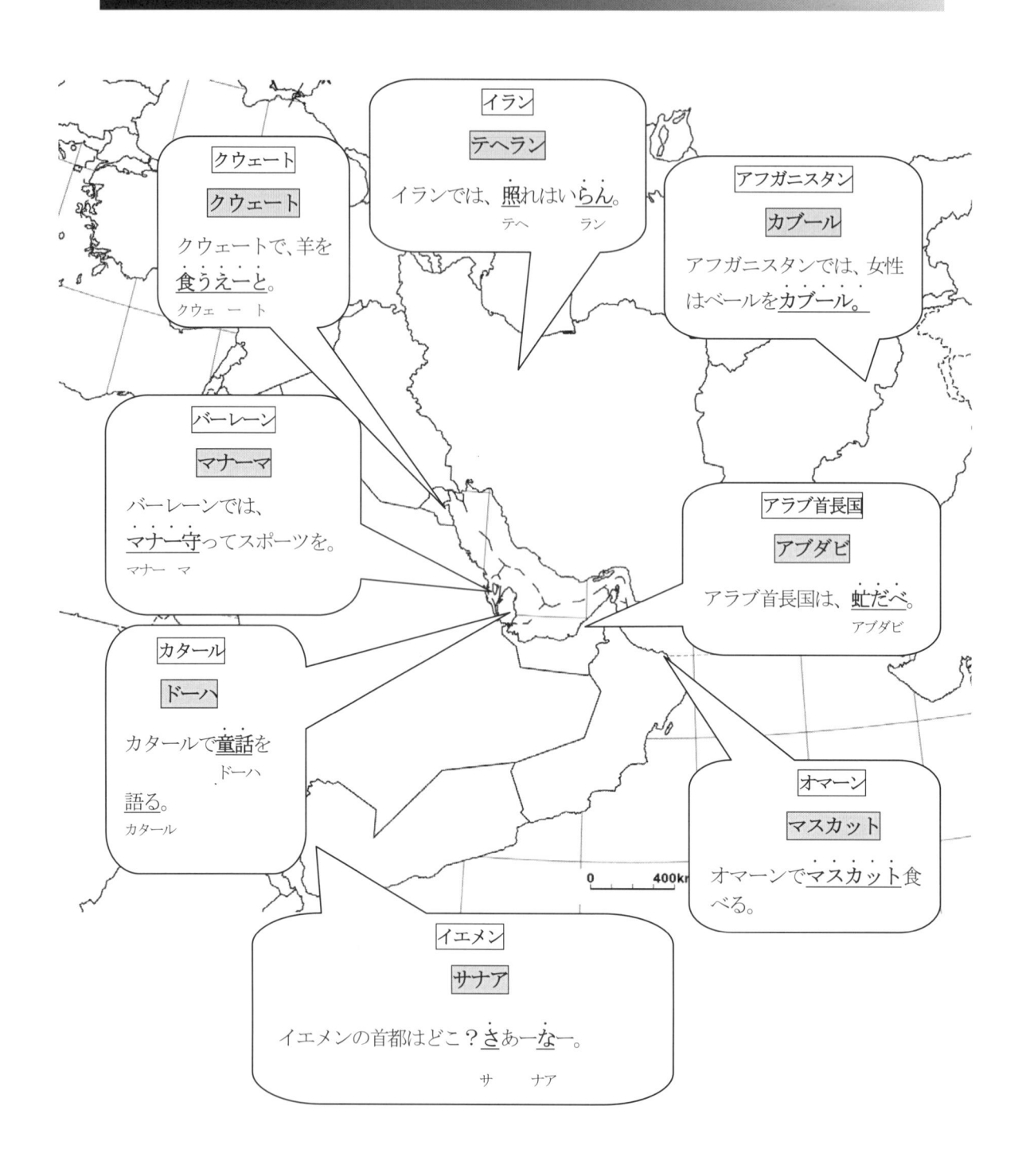

クウェート
クウェート
クウェートで、羊を
食うえーと。
クウェート

イラン
テヘラン
イランでは、照れはいらん。
テヘ　　ラン

アフガニスタン
カブール
アフガニスタンでは、女性はベールをカブール。

バーレーン
マナーマ
バーレーンでは、
マナー守ってスポーツを。
マナー　マ

アラブ首長国
アブダビ
アラブ首長国は、虻だべ。
アブダビ

カタール
ドーハ
カタールで童話を
　　　　　ドーハ
語る。
カタール

オマーン
マスカット
オマーンでマスカット食べる。

イエメン
サナア
イエメンの首都はどこ？さあーなー。
　　　　　　　　　　サ　ナア

西アジア　首都名・その覚え方と位置 その2

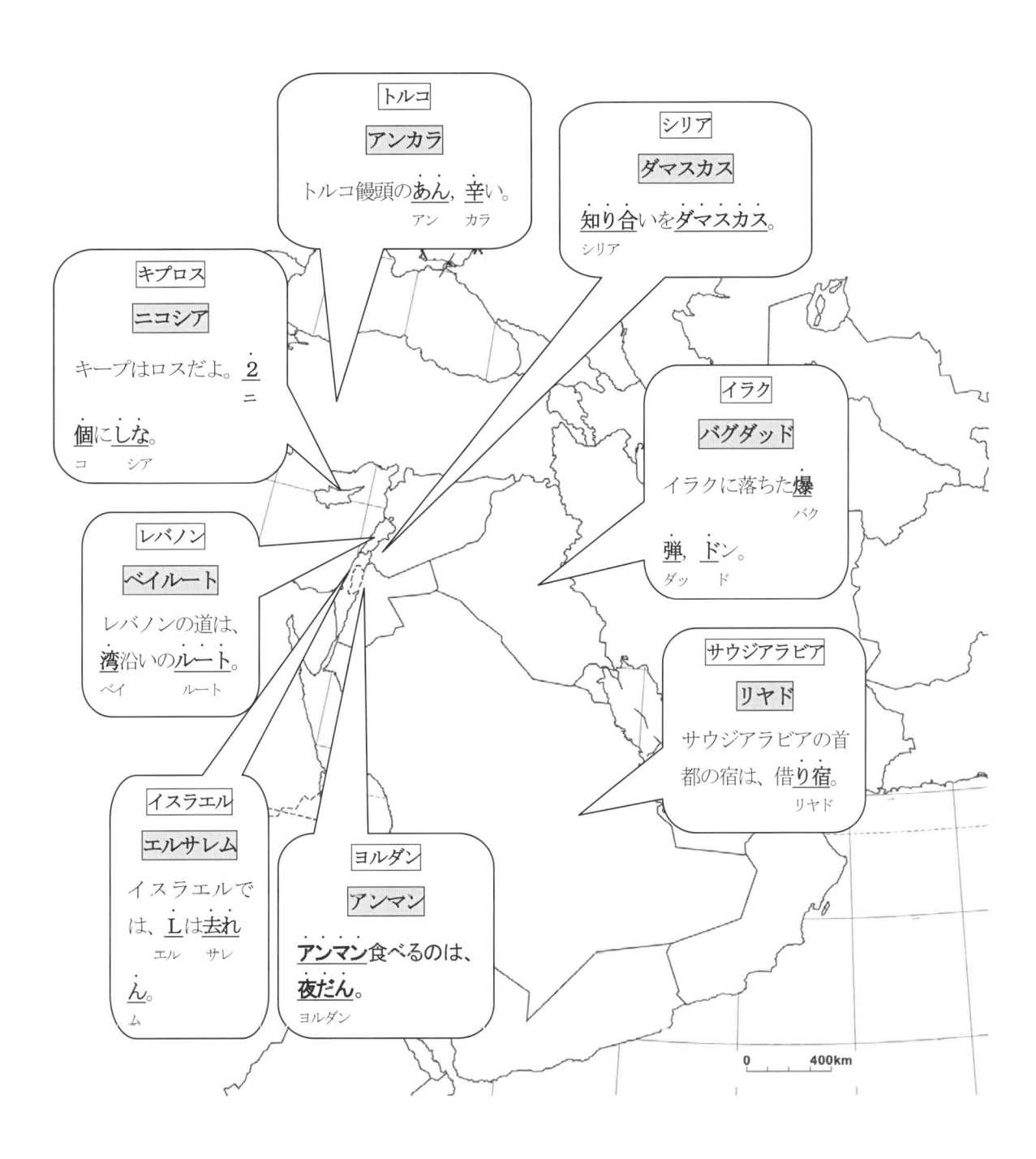

トルコ / アンカラ
トルコ饅頭のあん, 辛い。
　　　　　アン　カラ

シリア / ダマスカス
知り合いをダマスカス。
シリア

キプロス / ニコシア
キープはロスだよ。2個にしな。
　　　　　　　　ニ　　コ　シア

イラク / バグダッド
イラクに落ちた爆弾, ドン。
　　　　　　　バク　ダッ ド

レバノン / ベイルート
レバノンの道は、湾沿いのルート。
　　　　　　　ベイ　　　ルート

サウジアラビア / リヤド
サウジアラビアの首都の宿は、借り宿。
　　　　　　　　　　　　リヤド

イスラエル / エルサレム
イスラエルでは、Lは去れん。
　　　　　　　エル サレ　ム

ヨルダン / アンマン
アンマン食べるのは、夜だん。
　　　　　　　　　ヨルダン

アフリカ 首都名・その覚え方と位置 その1

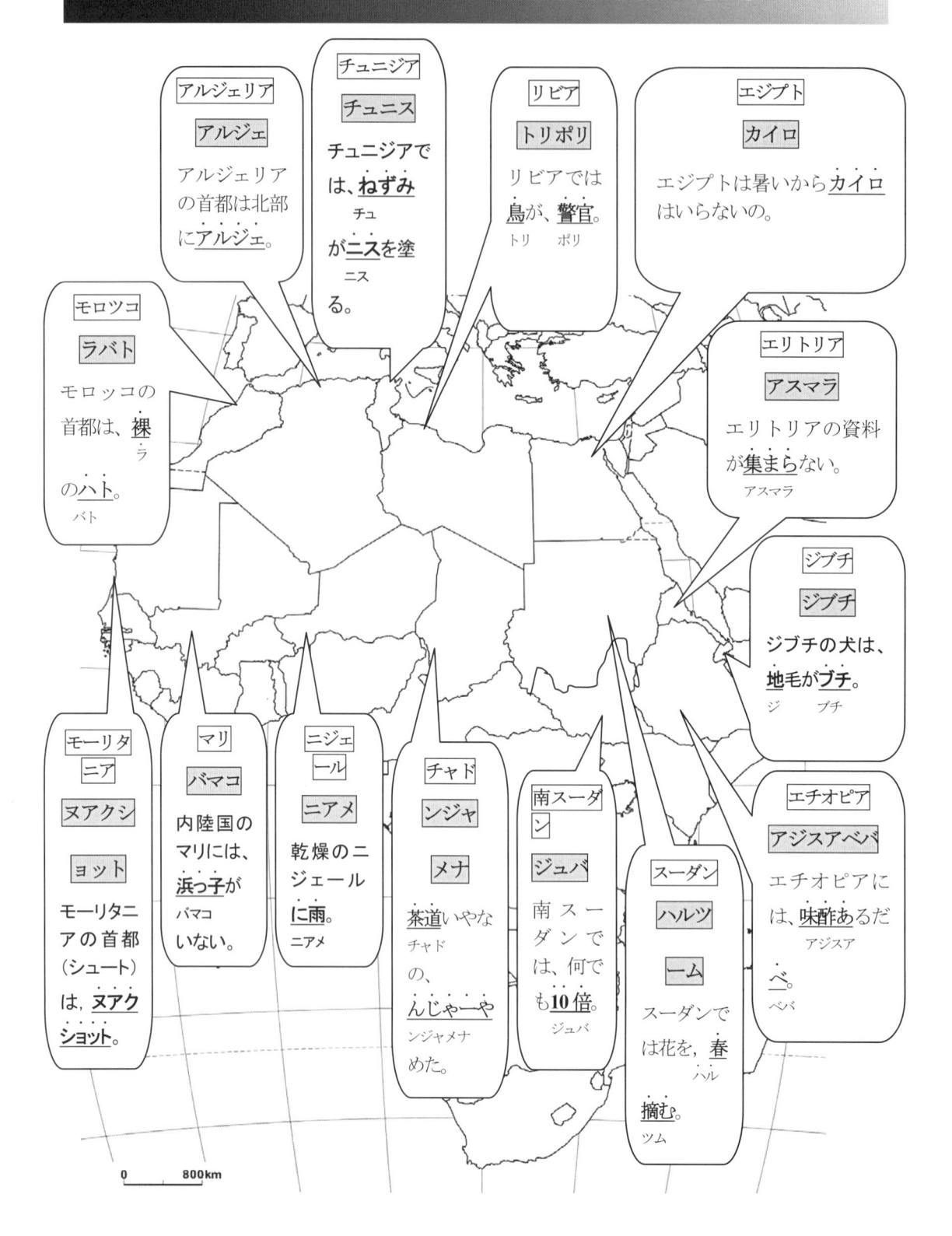

アルジェリア / アルジェ
アルジェリアの首都は北部にアルジェ。

チュニジア / チュニス
チュニジアでは、ねずみ(チュ)がニスを塗る。

リビア / トリポリ
リビアでは鳥が、警官。
トリ　ポリ

エジプト / カイロ
エジプトは暑いからカイロはいらないの。

モロッコ / ラバト
モロッコの首都は、裸(ラ)のハト(バト)。

エリトリア / アスマラ
エリトリアの資料が集まらない。
アスマラ

ジブチ / ジブチ
ジブチの犬は、地毛がブチ。
ジ　　ブチ

モーリタニア / ヌアクショット
モーリタニアの首都(シュート)は、ヌアクショット。

マリ / バマコ
内陸国のマリには、浜っ子がいない。
バマコ

ニジェール / ニアメ
乾燥のニジェールに雨。
ニアメ

チャド / ンジャメナ
茶道いやなチャドの、んじゃーやめた。
ンジャメナ

南スーダン / ジュバ
南スーダンでは、何でも10倍。
ジュバ

スーダン / ハルツーム
スーダンでは花を、春摘む。
ハル　　ツム

エチオピア / アジスアベバ
エチオピアには、味酢あるだべ。
アジスア　ベバ

0　800km

アフリカ 首都名・その覚え方と位置 その2

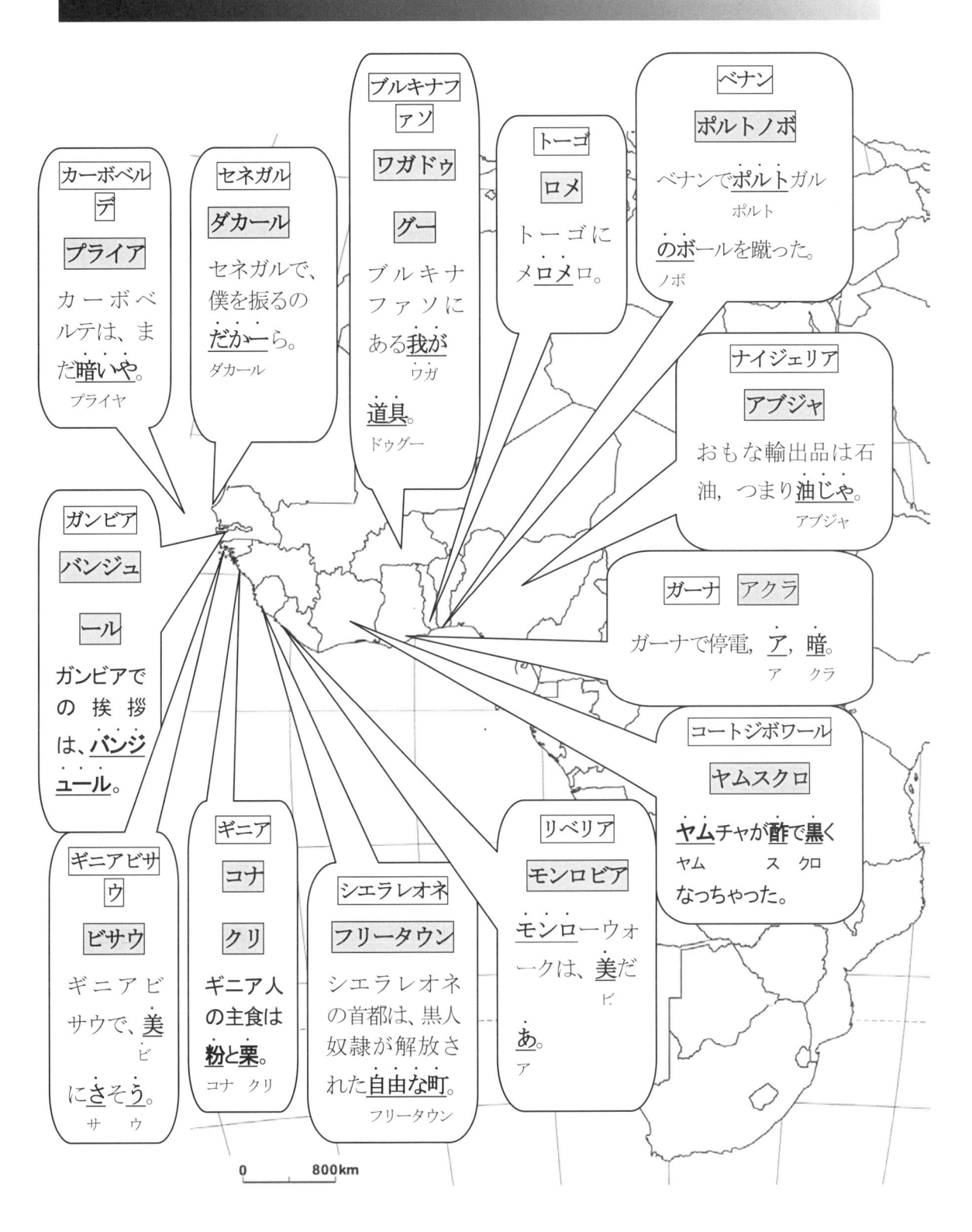

カーボベルデ / プライア
カーボベルデは、まだ暗いや。
プライヤ

セネガル / ダカール
セネガルで、僕を振るのだかーら。
ダカール

ブルキナファソ / ワガドゥグー
ブルキナファソにある我が道具。
ワガ　ドゥグー

トーゴ / ロメ
トーゴにメロメロ。

ベナン / ポルトノボ
ベナンでポルトガルのボールを蹴った。
ポルト　　ノボ

ナイジェリア / アブジャ
おもな輸出品は石油, つまり油じゃ。
アブジャ

ガンビア / バンジュール
ガンビアでの挨拶は、バンジュール。

ガーナ / アクラ
ガーナで停電, ア, 暗。
ア　クラ

コートジボワール / ヤムスクロ
ヤムチャが酢で黒くなっちゃった。
ヤム　　ス　クロ

ギニアビサウ / ビサウ
ギニアビサウで、美にさそう。
ビ　　サウ

ギニア / コナクリ
ギニア人の主食は粉と栗。
コナ クリ

シエラレオネ / フリータウン
シエラレオネの首都は、黒人奴隷が解放された自由な町。
フリータウン

リベリア / モンロビア
モンローウォークは、美だあ。
ビ　ア

アフリカ　首都名・その覚え方と位置 その3

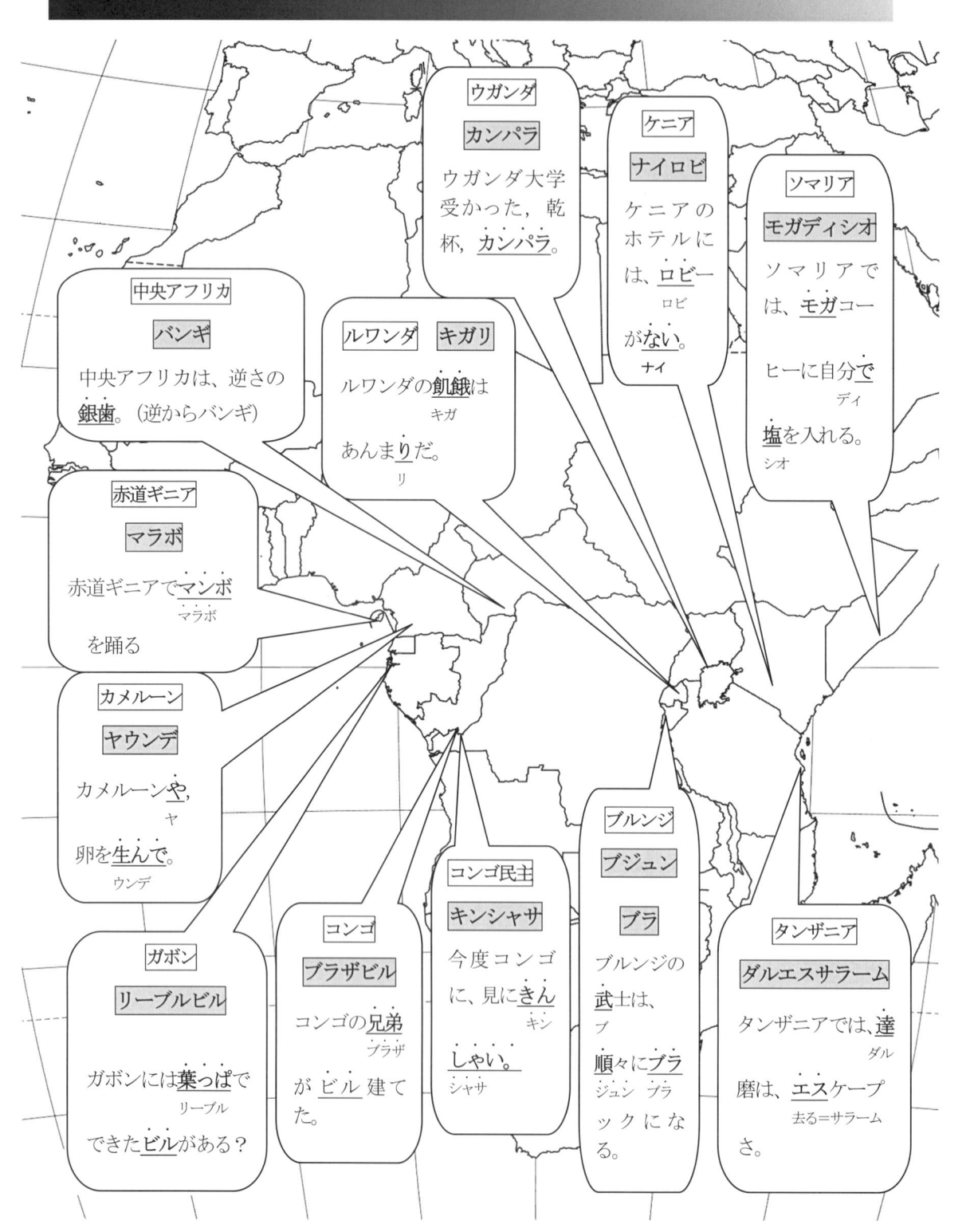

ウガンダ / カンパラ
ウガンダ大学受かった，乾杯，カンパラ。

ケニア / ナイロビ
ケニアのホテルには、ロビー（ロビ）がない。（ナイ）

ソマリア / モガディシオ
ソマリアでは、モガ（モガ）コーヒーに自分で（デ）塩（シオ）を入れる。

中央アフリカ / バンギ
中央アフリカは、逆さの銀歯。（逆からバンギ）

ルワンダ / キガリ
ルワンダの飢餓（キガ）はあんまりだ。（リ）

赤道ギニア / マラボ
赤道ギニアでマンボ（マラボ）を踊る

カメルーン / ヤウンデ
カメルーンや，（ヤ）卵を生んで。（ウンデ）

ガボン / リーブルビル
ガボンには葉っぱで（リーブル）できたビルがある？

コンゴ / ブラザビル
コンゴの兄弟（ブラザ）がビル建てた。

コンゴ民主 / キンシャサ
今度コンゴに、見にきん（キン）しゃい。（シャサ）

ブルンジ / ブジュンブラ
ブルンジの武士（ブ）は、順々に（ジュン）ブラックになる。（ブラ）

タンザニア / ダルエスサラーム
タンザニアでは、達磨（ダル）は、エスケープ去る＝サラームさ。

気に入ったフレーズで覚えよう

第3章 首都名・その覚え方と位置 61

アフリカ 首都名・その覚え方と位置 その4

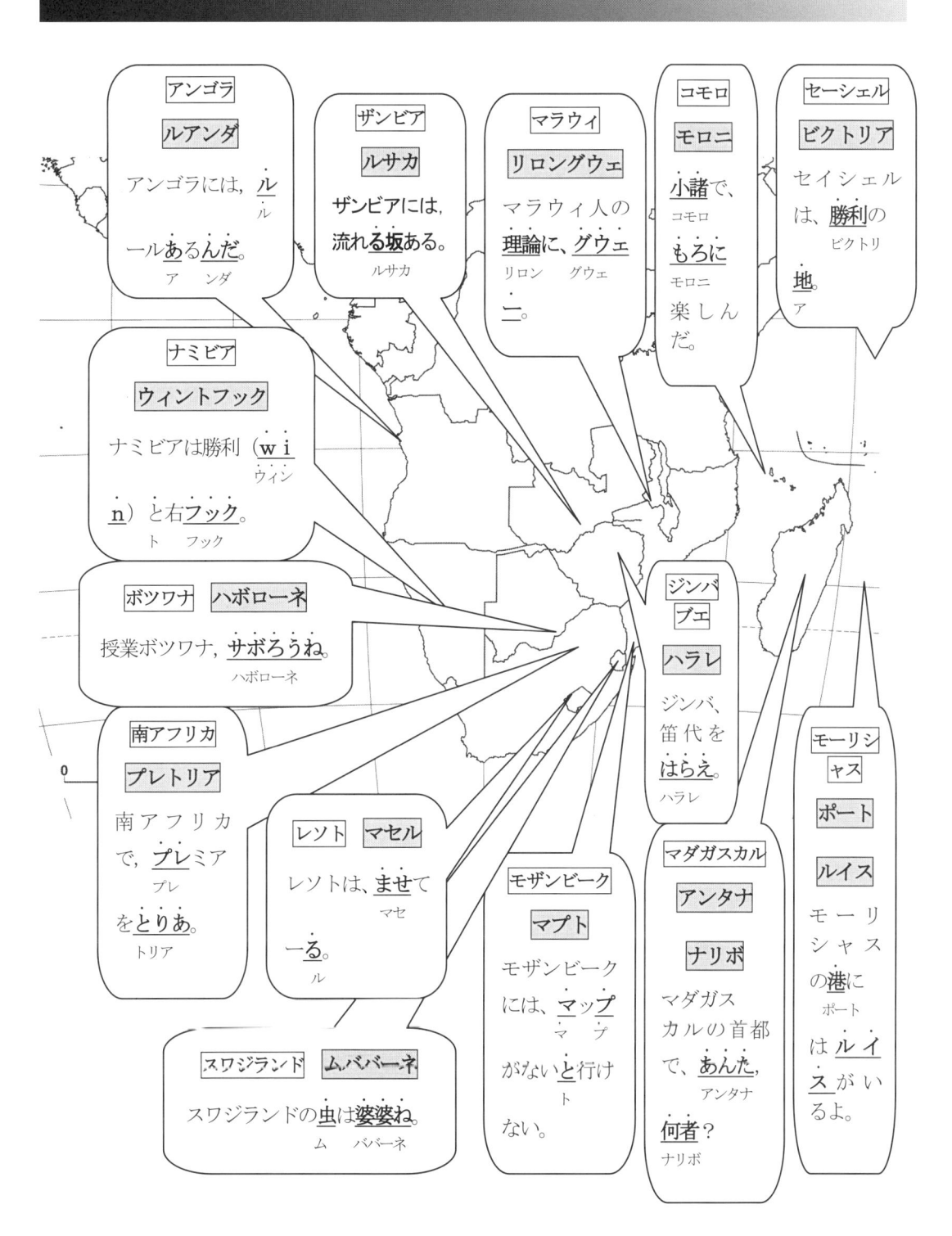

アンゴラ / ルアンダ
アンゴラには，ルールあるんだ。
（ル・ール・アンダ）

ザンビア / ルサカ
ザンビアには，流れる坂ある。
（ルサカ）

マラウィ / リロングウェ
マラウィ人の理論に、グウェ二。
（リロン・グウェ・ニ）

コモロ / モロニ
小諸で、もろに楽しんだ。
（コモロ・モロニ）

セーシェル / ビクトリア
セイシェルは、勝利の地。
（ビクトリア）

ナミビア / ウィントフック
ナミビアは勝利（win）と右フック。
（ウィン・ト・フック）

ボツワナ / ハボローネ
授業ボツワナ，サボろうね。
（ハボローネ）

南アフリカ / プレトリア
南アフリカで、プレミアをとりあ。
（プレ・トリア）

レソト / マセル
レソトは、ませてーる。
（マセ・ル）

スワジランド / ムババーネ
スワジランドの虫は婆婆ね。
（ム・ババーネ）

モザンビーク / マプト
モザンビークには、マップがないと行けない。
（マップ・ト）

ジンバブエ / ハラレ
ジンバ、笛代をはらえ。
（ハラレ）

マダガスカル / アンタナナリボ
マダガスカルの首都で、あんた，何者？
（アンタナ・ナリボ）

モーリシャス / ポートルイス
モーリシャスの港にはルイスがいるよ。
（ポート・ルイス）

ヨーロッパ 首都名・その覚え方と位置 その1

アイルランド／ダブリン
I will 来年も、
アイルランド
だぶりん。
ダブリン

イギリス／ロンドン
イギリスにどんどん行
ロンドン
こう。

ベルギー／ブリュッセル
ベルギーの首都は、青色の
ブリュ
細胞。
セル

オランダ／アムステルダム
オランダで、服を編む、そしてダムに捨てる。

デンマーク／コペンハーゲン
デンマークのパンはコッペパン。
コペンハーゲン

ドイツ／ベルリン
ドイツでベルを、リンと鳴らした。

フランス／パリ
フランスパンは、パリパリ。

オーストリア／ウィーン
オーストリアで機械が動いた、ウィーン。

ポルトガル／リスボン
ポルトガルでリスがはねた。
ボン

スペイン／マドリード
スペインのサッカーは、まずリード。
マドリード

スイス／ベルン
すいすい滑るんだ。
スイス ベル ン

マルタ／バレッタ
丸太に隠れ
マルタ
たがばれた。
バレッタ

イタリア／ローマ
イタリアはロマンスの国。

ギリシア／アテネ
ギリシアで私にアッテネ。

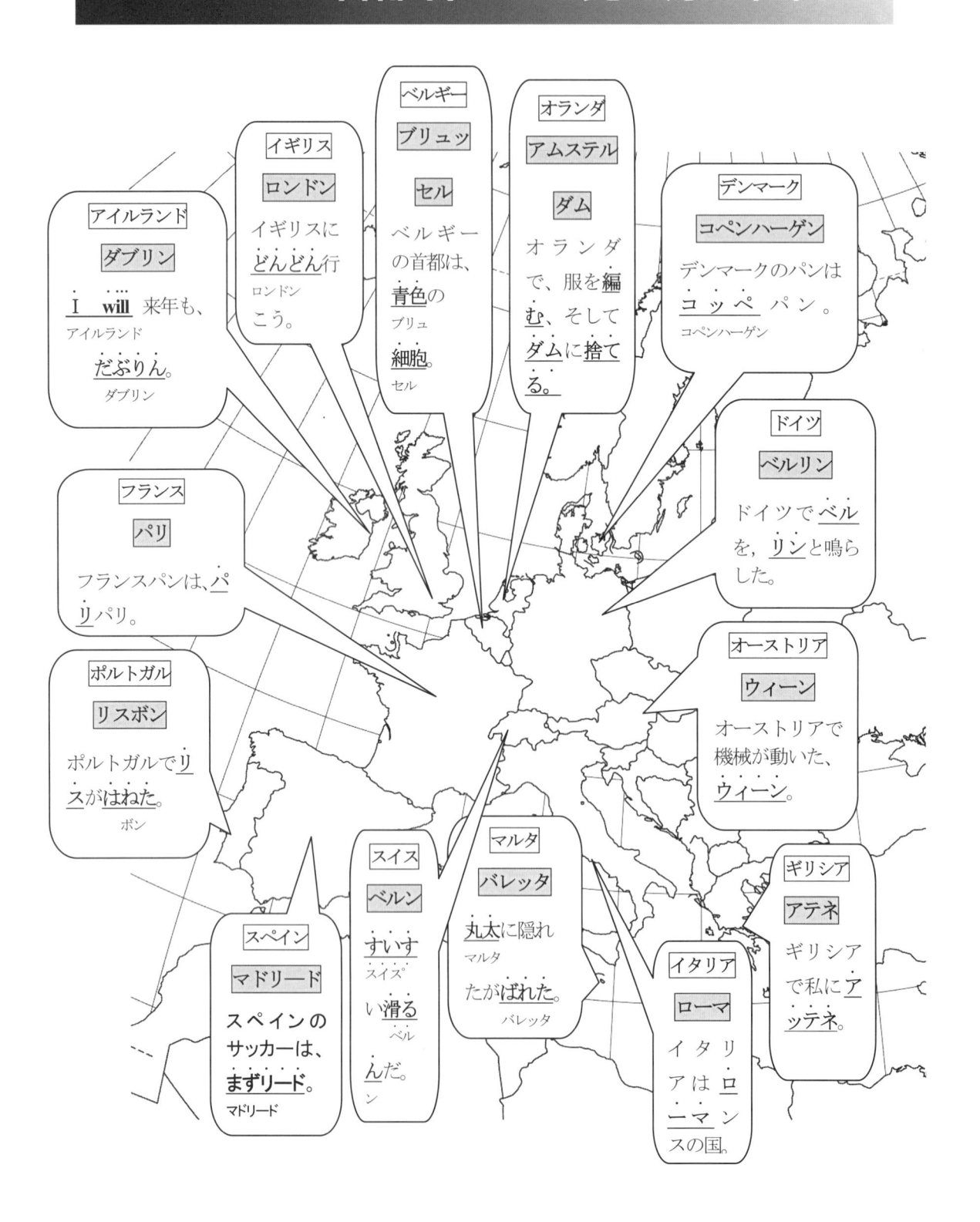

ヨーロッパ 首都名・その覚え方と位置

アイスランド / レイキャビック
アイスランドは冷たいキャベツ。
レイ　　　　　キャビック

ノルウェー / オスロ
乗るべえ，降ろすよ。
ノルウェー　　オスロ

スウェーデン / ストックホルム
北国スウェーデンでは、ストック持ってホームでスキー。
ストック　　ホルム

フィンランド / ヘルシンキ
フィンランドの野菜はヘルシーキ。

ロシア / モスクワ
ロシアを旅すれば，お腹もすくわ。
モスクワ

エストニア / タリン
エストニアは、資源が足りん。
タリン

ポーランド / ワルシャワ
ショパンの祖国ポーランドではワルツのシャワー。
ワル　　シャワ

ラトビア / リガ
ラトビアの首都は、理科が得意。
リガ

チェコ / プラハ
チェコは、ぶらぶらした葉。
プラ　　　　ハ

スロバキア / ブラチスラバ
スロバキアでブラブラ、ランチすら一ば。
ブラ　チ　スラ　　バ

リトアニア / ビリニュス
リトアニアマラソンでは、びりでありにゅす。
ビリ　　　ニュス

ベラルーシ / ミンスク
ベラルーシには民宿が多い。
ミンスク

0　400km

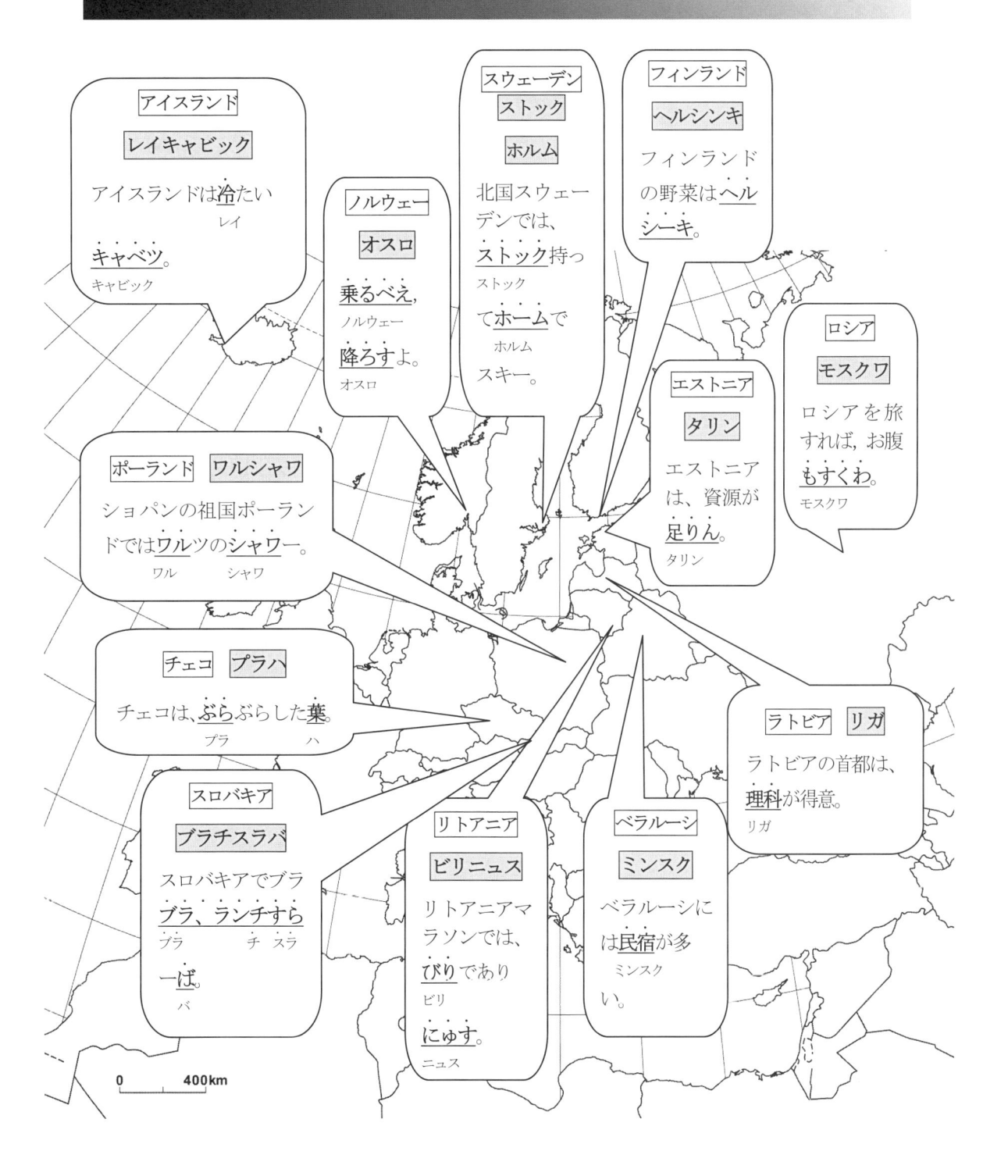

ヨーロッパ 首都名・その覚え方と位置

スロベニア / リュブリャナ
スロベニアは、
流木りゃな。
リュブリャナ

クロアチア / ザグレブ
クロアチアでは、ざ
ぐさぐレフェリー。
ザグレブ

ハンガリー / ブダペスト
ハンガリーの豚、
ブタ
ペストに汚染。
ペスト

ウクライナ / キエフ
うん、暗いな、
ウ　クライナ
電気消えふ。
キエフ

ボスニア・ヘルツェゴビナ / サラエボ
ボスニアでは、
皿がエボーリュ
サラ　エボ
ーション。

モルドバ / キシニョフ
モルドバの
騎士は、女武士
キシ　ニョフ

セルビア / ベオグラード
セルビアでは、
弁当お、グランドで食べる。
ベ　オ　　グラード

ルーマニア / ブカレスト
ルーマニア
で部下休み。
ブカレスト

モンテネグロ / ポドゴリツァ
モンテネグロで
は、ほと
ほと懲りつあー。
ポドゴリツァ

コソボ / プリシュティナ
コソボで、ぷり
ぷりしてな。
プリシュティナ

アルバニア / ティラナ
アルバニア、
どこ？
ティラナイ。
知らない。

マケドニア / スコピエ
マケドニ
アの夜は、
底冷え。
スコピエ

ブルガリア / ソフィア
ブルガリ
アの首都
は上智大。
ソフィア

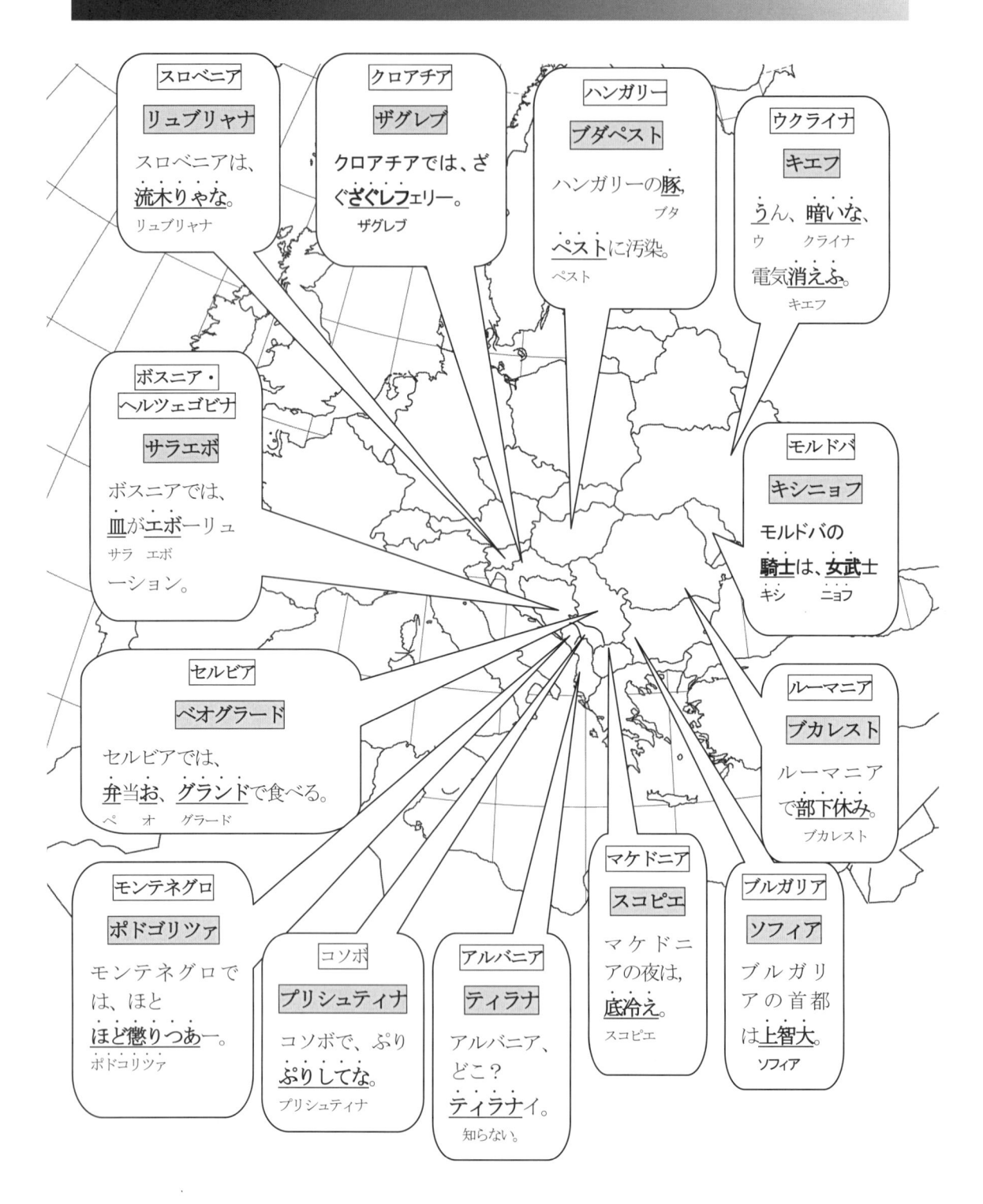

気に入ったフレーズで覚えよう

カフカス諸国　首都名・その覚え方と位置

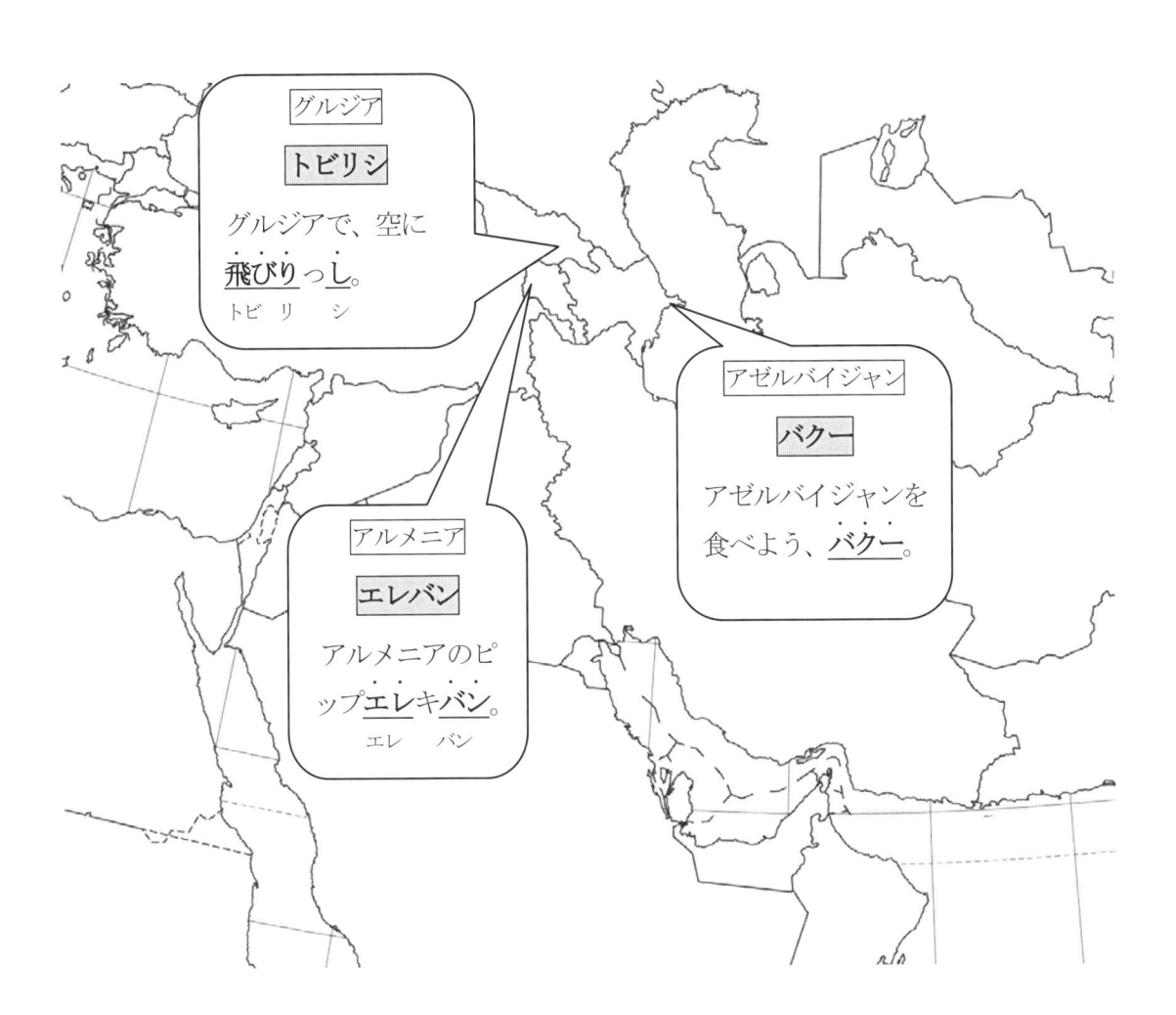

グルジア
トビリシ
グルジアで、空に
飛びりっし。
トビ リ シ

アゼルバイジャン
バクー
アゼルバイジャンを
食べよう、バクー。

アルメニア
エレバン
アルメニアのピップエレキバン。
エレ　バン

北アメリカ 首都名・その覚え方と位置 その1

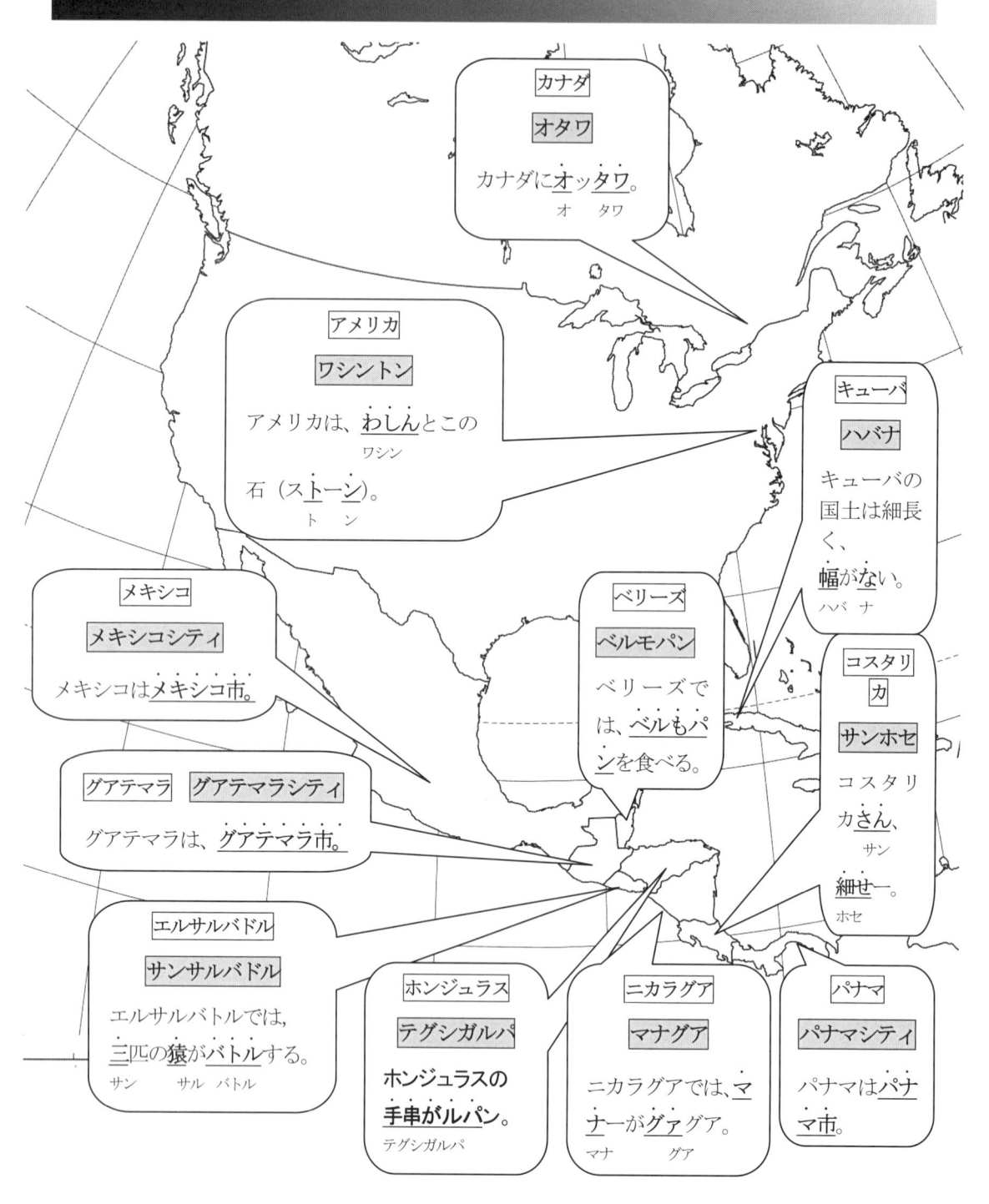

カナダ
オタワ
カナダにオッタワ。
オ タワ

アメリカ
ワシントン
アメリカは、わしんとこの
 ワシン
石(ストーン)。
 ト ン

キューバ
ハバナ
キューバの国土は細長く、幅がない。
ハバナ

メキシコ
メキシコシティ
メキシコはメキシコ市。

ベリーズ
ベルモパン
ベリーズでは、ベルもパンを食べる。

コスタリカ
サンホセ
コスタリカさん、
 サン
細せー。
ホセ

グアテマラ　**グアテマラシティ**
グアテマラは、グアテマラ市。

エルサルバドル
サンサルバドル
エルサルバドルでは、三匹の猿がバトルする。
サン　サル　バトル

ホンジュラス
テグシガルパ
ホンジュラスの手串がルパン。
テグシガルパ

ニカラグア
マナグア
ニカラグアでは、マナーがグアグア。
マナ　　グア

パナマ
パナマシティ
パナマはパナマ市。

気に入ったフレーズで覚えよう

第3章 首都名・その覚え方と位置　67

北アメリカ　首都名・その覚え方と位置 その2

ジャマイカ
キングストン
じゃーまいいか,
ジャマイカ
キング石に座る。
キング　ストン

バハマ
ナッソー
バハマは夏、
なあ、そう
ナッ　ソー
だろう。

ハイチ
ポルトープランス
ハイチから
穴を掘ると
ポルト
フランスに
行く。

ドミニカ共和国
サントドミンゴ
ドミニカの
聖息子。
セントドミンゴ

アンティグアバーブーダ
セントジョンズ
アンティグアは、
聖、ジョンズ。
セント

ドミニカ国
ロゾー
ドミニカにどうぞ。
ロゾー

セントクリストファーネービス
バセテール
セントクリストファーの子供は、
ませている。
マセテール

セントルシア
カストリーズ
セントルシアの
掃除部隊＝カス
トリーズ。

セントビンセントおよびグラナディー諸島
キングスタウン
セントビンセント
は、王様の町。
キングスタウン

グレナダ
セントジョージズ
グレナダは、聖、ジ
セント
ョージス。

トリニダード・トバゴ
ポートオブスペイン
トリニダード
は、スペイン
の港。

バルバドス
ブリッジタウン
バルバドスは、橋
ブリッジ
が多い町。
タウン

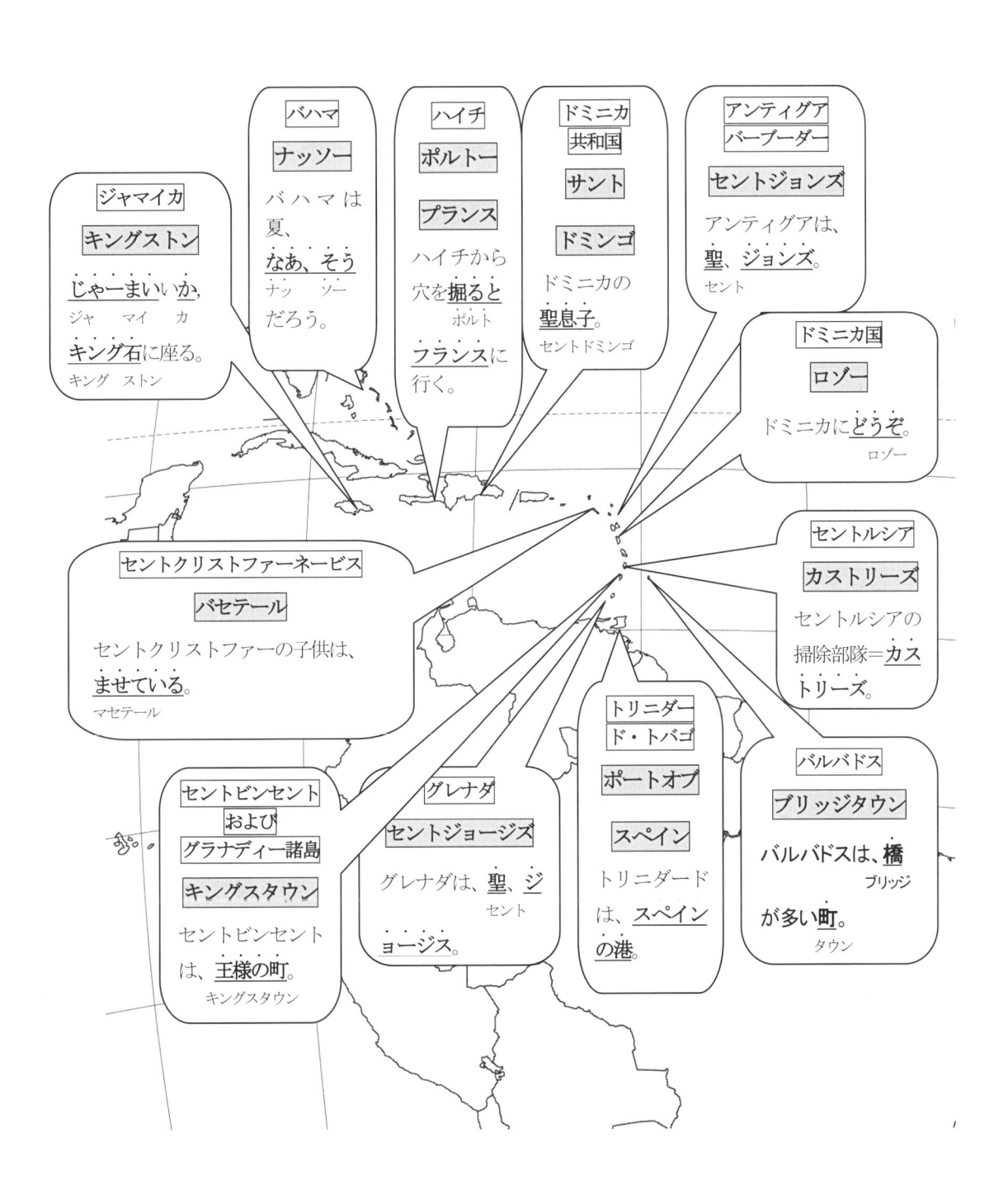

南アメリカ 首都名・その覚え方と位置

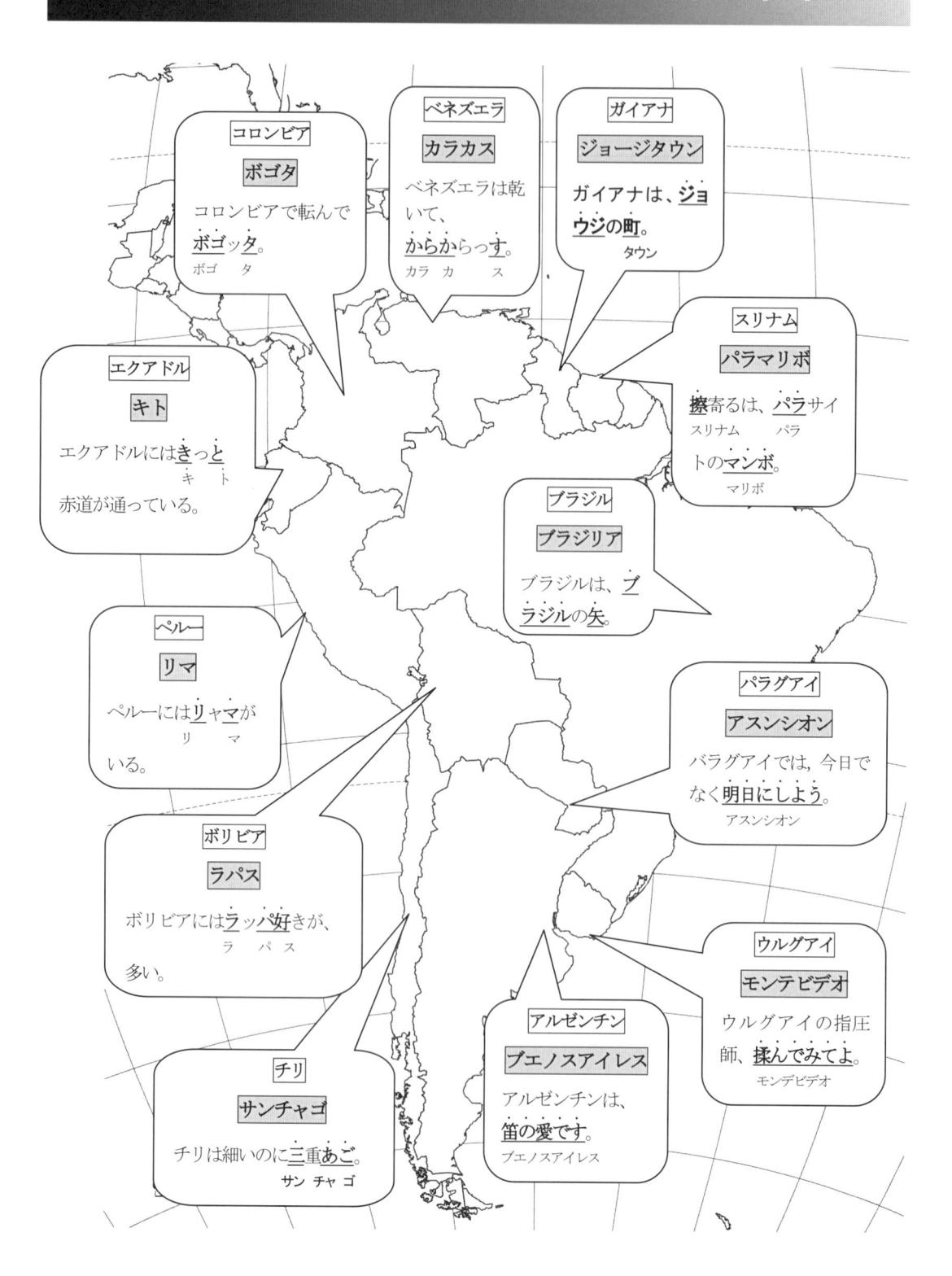

コロンビア
ボゴタ
コロンビアで転んでボゴッタ。
　　　　　　　ボゴ　タ

ベネズエラ
カラカス
ベネズエラは乾いて、からからっす。
　　　　　　カラ カ ス

ガイアナ
ジョージタウン
ガイアナは、ジョウジの町。
　　　　　　　　　　タウン

スリナム
パラマリボ
擦寄るは、パラサイトのマンボ。
スリナム　　パラ　　　マリボ

エクアドル
キト
エクアドルにはきっと赤道が通っている。
　　　　　　　キ ト

ブラジル
ブラジリア
ブラジルは、ブラジルの矢。

ペルー
リマ
ペルーにはリャマがいる。
　　　　　リ マ

パラグアイ
アスンシオン
パラグアイでは、今日でなく明日にしよう。
　　　　　　　　　　　　アスンシオン

ボリビア
ラパス
ボリビアにはラッパ好きが、多い。
　　　　　　ラ パ ス

ウルグアイ
モンテビデオ
ウルグアイの指圧師、揉んでみてよ。
　　　　　　　　　モンテビデオ

アルゼンチン
ブエノスアイレス
アルゼンチンは、笛の愛です。
ブエノスアイレス

チリ
サンチャゴ
チリは細いのに三重あご。
　　　　　　サン チャ ゴ

オセアニア 首都名・その覚え方と位置

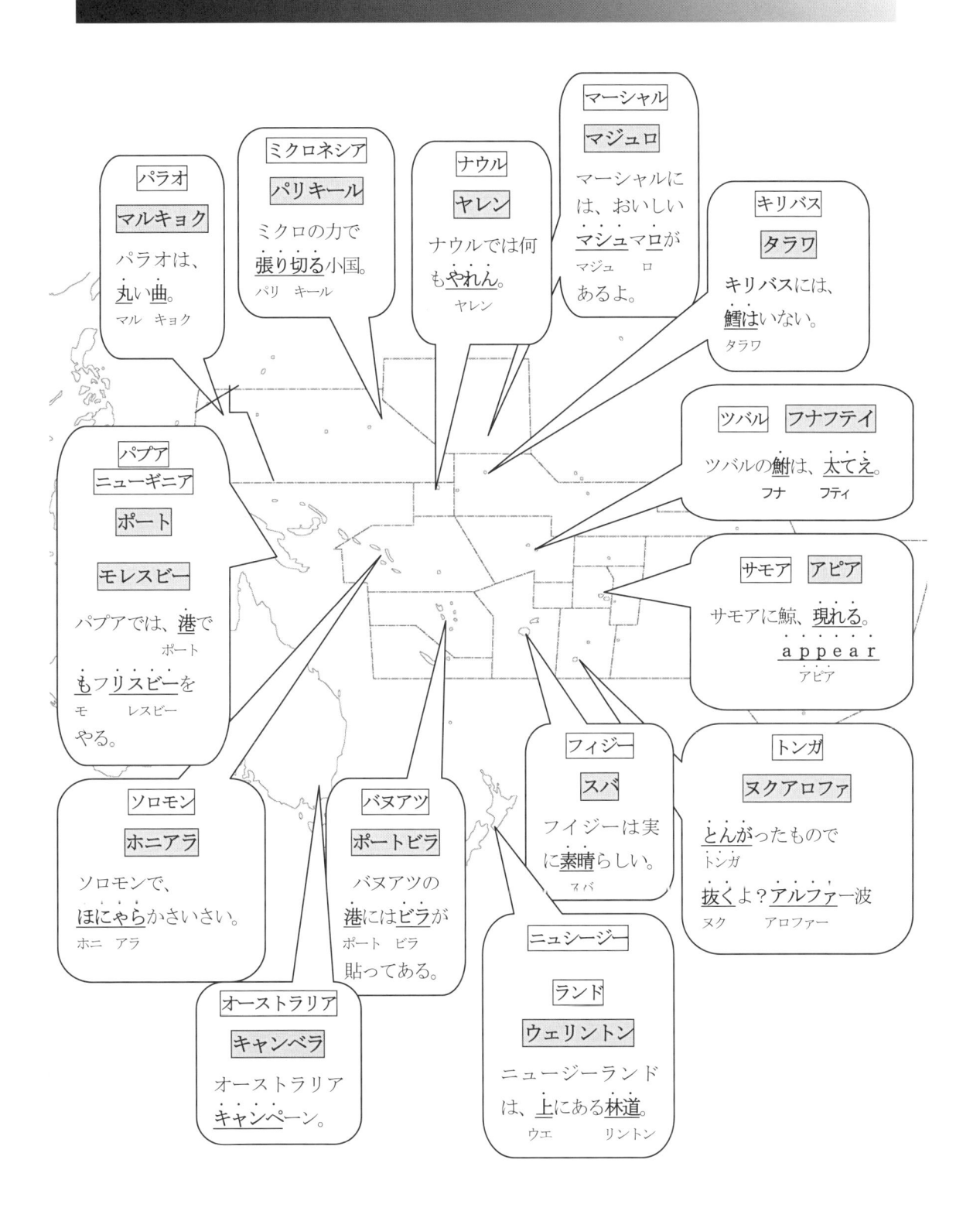

第3章 首都名・その覚え方と位置　69

気に入ったフレーズで覚えよう

パラオ／マルキョク
パラオは、丸い曲。
マル　キョク

ミクロネシア／パリキール
ミクロの力で張り切る小国。
パリ　キール

ナウル／ヤレン
ナウルでは何もやれん。
ヤレン

マーシャル／マジュロ
マーシャルには、おいしいマシュマロがあるよ。
マジュ　ロ

キリバス／タラワ
キリバスには、鱈はいない。
タラワ

パプアニューギニア／ポートモレスビー
パプアでは、港でもフリスビーをやる。
ポート　モ　レスビー

ツバル／フナフテイ
ツバルの鮒は、太てえ。
フナ　　フテイ

サモア／アピア
サモアに鯨、現れる。
　　　　　　appear
　　　　　　アピア

ソロモン／ホニアラ
ソロモンで、ほにゃらかさいさい。
ホニ　アラ

バヌアツ／ポートビラ
バヌアツの港にはビラが貼ってある。
ポート　ビラ

フィジー／スバ
フイジーは実に素晴らしい。
スバ

トンガ／ヌクアロファ
とんがったもので
トンガ
抜くよ？アルファー波
ヌク　　アロファー

オーストラリア／キャンベラ
オーストラリアキャンペーン。

ニュージーランド／ウェリントン
ニュージーランドは、上にある林道。
ウェ　　　リントン

(50 pからつづく) 第 30 回オリンピック 2012 年ロンドン開会式予想入場順その 2

	国名 地域名（網）	略称	正式国名と国名の由来（☆） クイズとゴロで覚える国名と位置（★） 紛らわしい国名と位置（※） 掲載ページ
40	中国	CHN	☆ 72 p
41	コートジボワール	CIV	☆ 79 p、★ 20、21 p
42	カメルーン	CMR	☆ 80 p、★ 20 p、
43	コンゴ民主	COD	☆ 80 p、★ 22 p、※ 45 p
44	クック諸島	COK	
45	コロンビア	COL	☆ 88 p、★ 37 p
46	コモロ	COM	☆ 81 p、★ 25 p、※ 44 p
47	カーボベルテ	CPV	☆ 79 p
48	コスタリカ	CRC	☆ 86 p、★ 34 p
49	クロアチア	CRO	☆ 84 p、★ 31 p
50	キューバ	CUB	☆ 86 p、★ 35 p
51	キプロス	CYP	☆ 77 p、★ 10、11 p
52	チェコ	CZE	☆ 83 p、★ 29、30 p、※ 43 p
53	ジブチ	DJI	☆ 78 p、★ 18 p
54	ドミニカ国	DMA	☆ 87 p、★ 36 p、※ 46 p
55	ドミニカ共和国	DOM	☆ 87 p、★ 35 p、※ 46 p
56	エクアドル	ECU	☆ 88 p、★ 37 p
57	エジプト	EGY	☆ 78 p、★ 15 p
58	エリトリア	ERI	☆ 78 p、★ 18 p、※ 43 p
59	エルサルバドル	ESA	☆ 86 p、★ 34 p
60	スペイン	ESP	☆ 82 p
61	エストニア	EST	☆ 83 p、★ 28 p、※ 43 p
62	エチオピア	ETH	☆ 78 p
63	フィジー	FIJ	☆ 89 p、★ 40 p
64	フィンランド	FIN	☆ 83 p、★ 27、28 p
65	フランス	FRA	☆ 82 p
66	ミクロネシア	FSM	☆ 89 p、★ 38 p
67	ガボン	GAB	☆ 80 p
68	ガンビア	GAM	☆ 79 p、★ 21 p
69	ギニアビサウ	GBS	☆ 79 p、★ 21 p、※ 44 p
70	グルジア	GEO	☆ 85 p、★ 14 p、※ 48 p
71	赤道ギニア	GEQ	☆ 80 p、　　　　※ 44 p
72	ドイツ	GER	☆ 82 p、★ 29 p
73	ガーナ	GHA	☆ 79 p、★ 20 p
74	グレナダ	GRN	☆ 87 p、★ 36 p、※ 48 p
75	グァテマラ	GUA	☆ 86 p、★ 34 p
76	ギニア	GUI	☆ 79 p、★ 21 p、※ 44 p
77	グアム（アメリカ領）	GUM	
78	ガイアナ	GUY	☆ 88 p、★ 37 p
79	ハイチ	HAI	☆ 87 p、★ 35 p
80	香港	HKG	
81	ホンジュラス	HON	☆ 86 p、★ 34 p
82	ハンガリー	HUN	☆ 84 p、★ 30 p
83	インドネシア	INA	☆ 73 p、★ 4 p、※ 48 p
84	インド	IND	☆ 74 p、★ 5 p、※ 48 p

(90 ページにつづく)

東アジア　東南アジア　南アジア　中央アジア　西アジアその１　その２　アフリカその１からその４　ヨーロッパその１からその３　カフカス諸国　北アメリカその１その２　南アメリカ　オセアニア　この順番で各国の正式国名とその由来が地図上にまとめてあります。

第4章
国名（正式国名）・その由来と地理学習

いくつかの国については、その由来が地理学習に活かせるように解説をつけました。ご参考に。

東アジア　国名・その由来

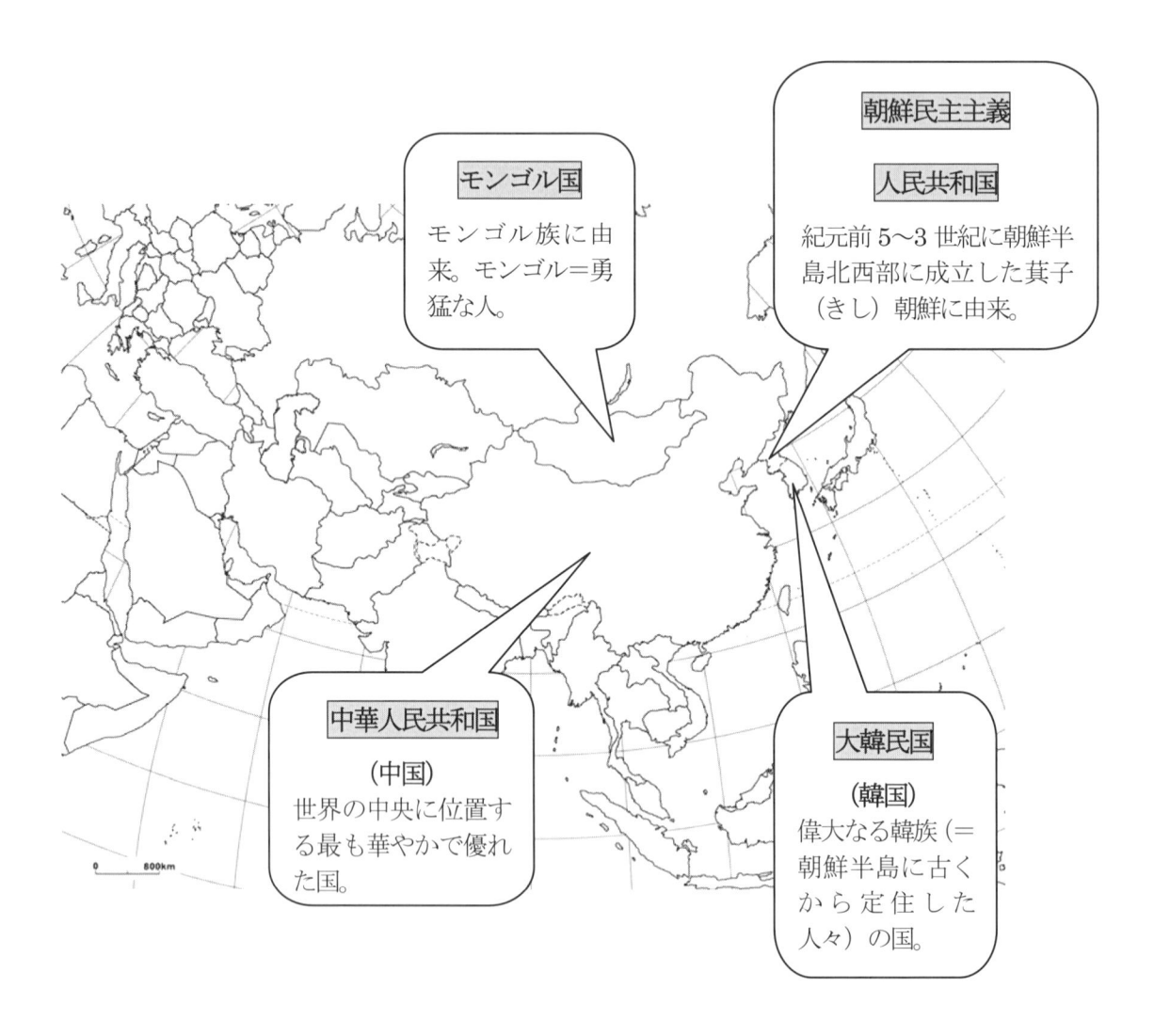

モンゴル国
モンゴル族に由来。モンゴル＝勇猛な人。

朝鮮民主主義人民共和国
紀元前5〜3世紀に朝鮮半島北西部に成立した箕子（きし）朝鮮に由来。

中華人民共和国（中国）
世界の中央に位置する最も華やかで優れた国。

大韓民国（韓国）
偉大なる韓族（＝朝鮮半島に古くから定住した人々）の国。

意味のある国名っておもしろい

第4章　国名・その由来と地理学習　73

東南アジア　国名・その由来

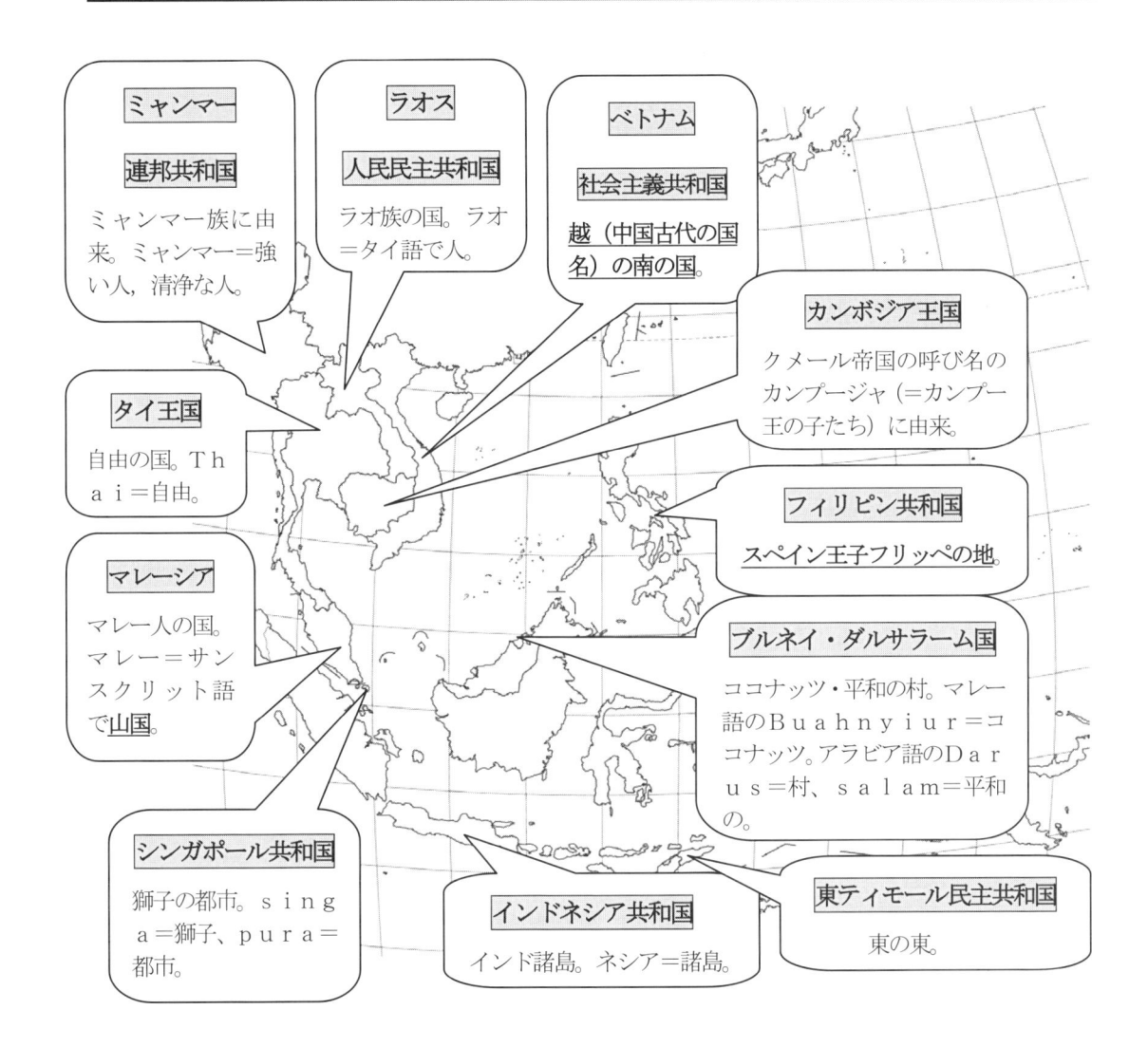

ミャンマー連邦共和国
ミャンマー族に由来。ミャンマー＝強い人，清浄な人。

ラオス人民民主共和国
ラオ族の国。ラオ＝タイ語で人。

ベトナム社会主義共和国
越（中国古代の国名）の南の国。

カンボジア王国
クメール帝国の呼び名のカンプージャ（＝カンプー王の子たち）に由来。

タイ王国
自由の国。Thai＝自由。

フィリピン共和国
スペイン王子フリッペの地。

マレーシア
マレー人の国。マレー＝サンスクリット語で山国。

ブルネイ・ダルサラーム国
ココナッツ・平和の村。マレー語のBuahnyiur＝ココナッツ。アラビア語のDarus＝村、salam＝平和の。

シンガポール共和国
獅子の都市。singa＝獅子、pura＝都市。

インドネシア共和国
インド諸島。ネシア＝諸島。

東ティモール民主共和国
東の東。

地理学習に使える国名の由来

国名	由来	地理学習
マレーシア	山国	マレーシアは、マレー半島南半分とカリマンタン島北西部から成り、大きな川はない。そのため、国土面積の約24％が農地、約63％が森林で山がちな国である。
フィリピン	フリッペの地	フィリピンは1571年から約300年間スペインの植民地であった。その影響からカトリック教徒が約85％を占めている。その後、アメリカの植民地となったことから公用語はフィリピノ語と英語である。
ベトナム	越の南の国	インドで誕生した仏教は、北から東の国々に伝播したのが大乗仏教、スリランカから東南アジア諸国に伝播したのが上座仏教である。そのため、ミャンマーからラオス・カンボジアまでは上座仏教となった。しかし、ベトナムだけは「越（中国古代の国名）の南の国」のとおり、中国の影響を受けて大乗仏教徒が多い。

南アジア　国名・その由来

パキスタン・イスラム共和国
ウルドゥー語で清らかな国。1947年の独立時、<u>イスラム教徒のみの清らかな国</u>という意味で命名。

ネパール連邦民主共和国
低く横たわる居所。カトマンズ盆地のこと。

ブータン王国
龍の国。12世紀ラマ教を開いたとき空に雷鳴が響き、それを龍の声としたことから。

インド
インダス川流域の地名。この地に侵入したアーリア人がアーリア語でSindhuと呼び、それがペルシア語ではHindu、ギリシア語でIndos、英語でIndiaとなった。

バングラデシュ人民共和国
<u>肥沃な国</u>、ベンガル人の国。Bangla＝肥沃な、desh＝国。

スリランカ民主社会主義共和国
シンハラ語で光り輝くランカ島。Sri＝光輝く、聖なる、ランカ島＝シンハリ語でセイロン島の古名。

モルディブ共和国
<u>花輪の島</u>。Mald＝花輪, dive＝島。

地理学習に使える国名の由来

国名	由来	地理学習
パキスタン	イスラム教徒のみの清らかな国	南アジアの植民地独立では、宗教の違いによって国が誕生した。具体的には、ヒンズー教徒の多いインド、イスラム教徒の多いパキスタン（独立当時はバングラデシュとともにパキスタン、1971年にバングラデシュが分離独立）である。
バングラデシュ	肥沃な国	バングラデシュの国土は、ガンジス川の三角州であり、土地は肥沃である。しかし、国土の大半が海抜2m未満である。そのため、サイクロンに襲われると国土の大半が洪水に襲われる。1人当たり国民所得は約500ドルで非常に貧しいため、治水がほとんど行われていない。
モルディブ	花輪の島	モルディブは、サンゴ礁の島々から形成され、地球温暖化による海面上昇の影響を受けやすい。

意味のある国名っておもしろい

第4章 国名・その由来と地理学習　75

中央アジア　国名・その由来

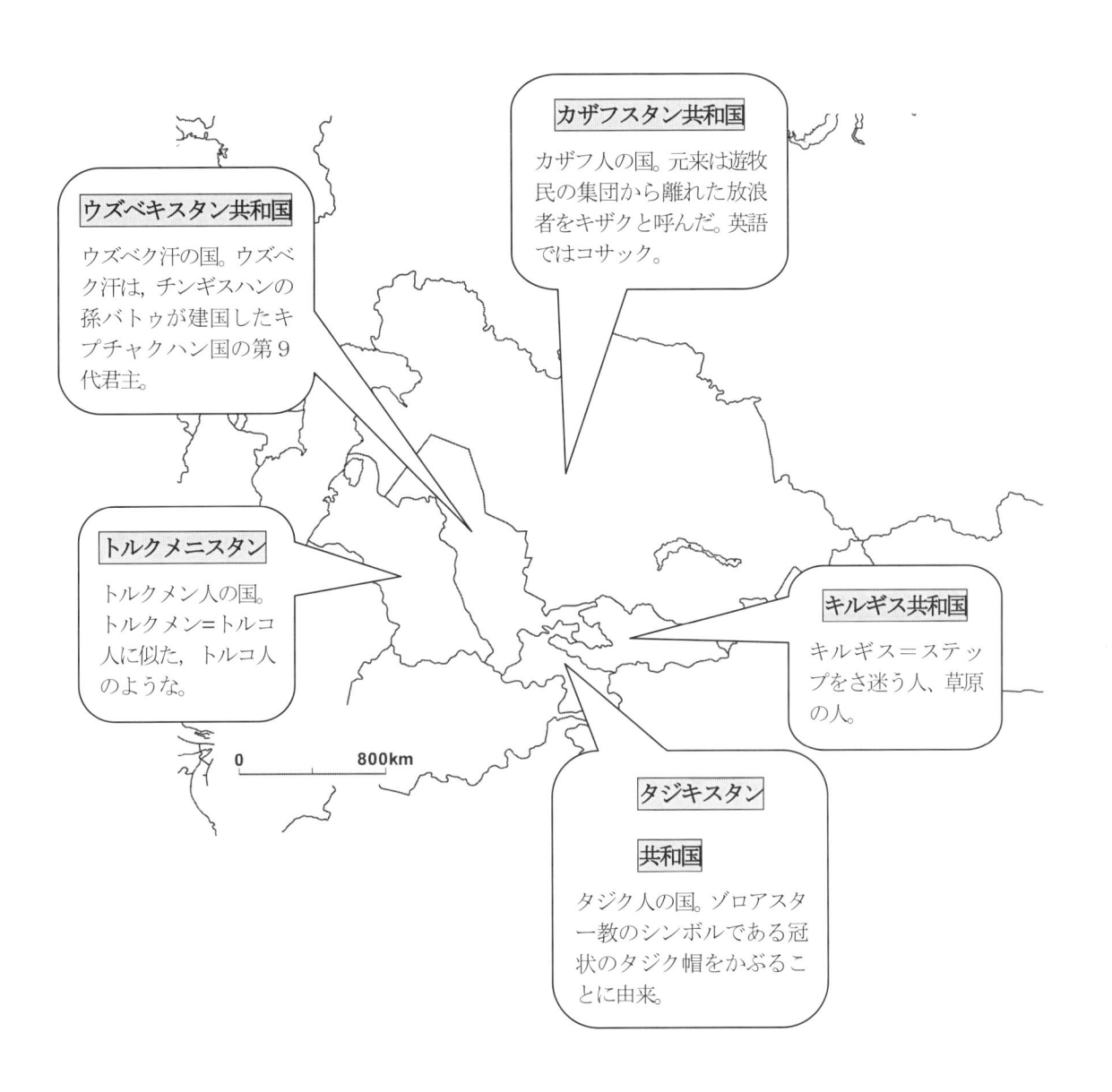

カザフスタン共和国
カザフ人の国。元来は遊牧民の集団から離れた放浪者をキザクと呼んだ。英語ではコサック。

ウズベキスタン共和国
ウズベク汗の国。ウズベク汗は，チンギスハンの孫バトゥが建国したキプチャクハン国の第9代君主。

トルクメニスタン
トルクメン人の国。トルクメン＝トルコ人に似た，トルコ人のような。

キルギス共和国
キルギス＝ステップをさ迷う人、草原の人。

タジキスタン共和国
タジク人の国。ゾロアスター教のシンボルである冠状のタジク帽をかぶることに由来。

西アジア　国名・その由来その1

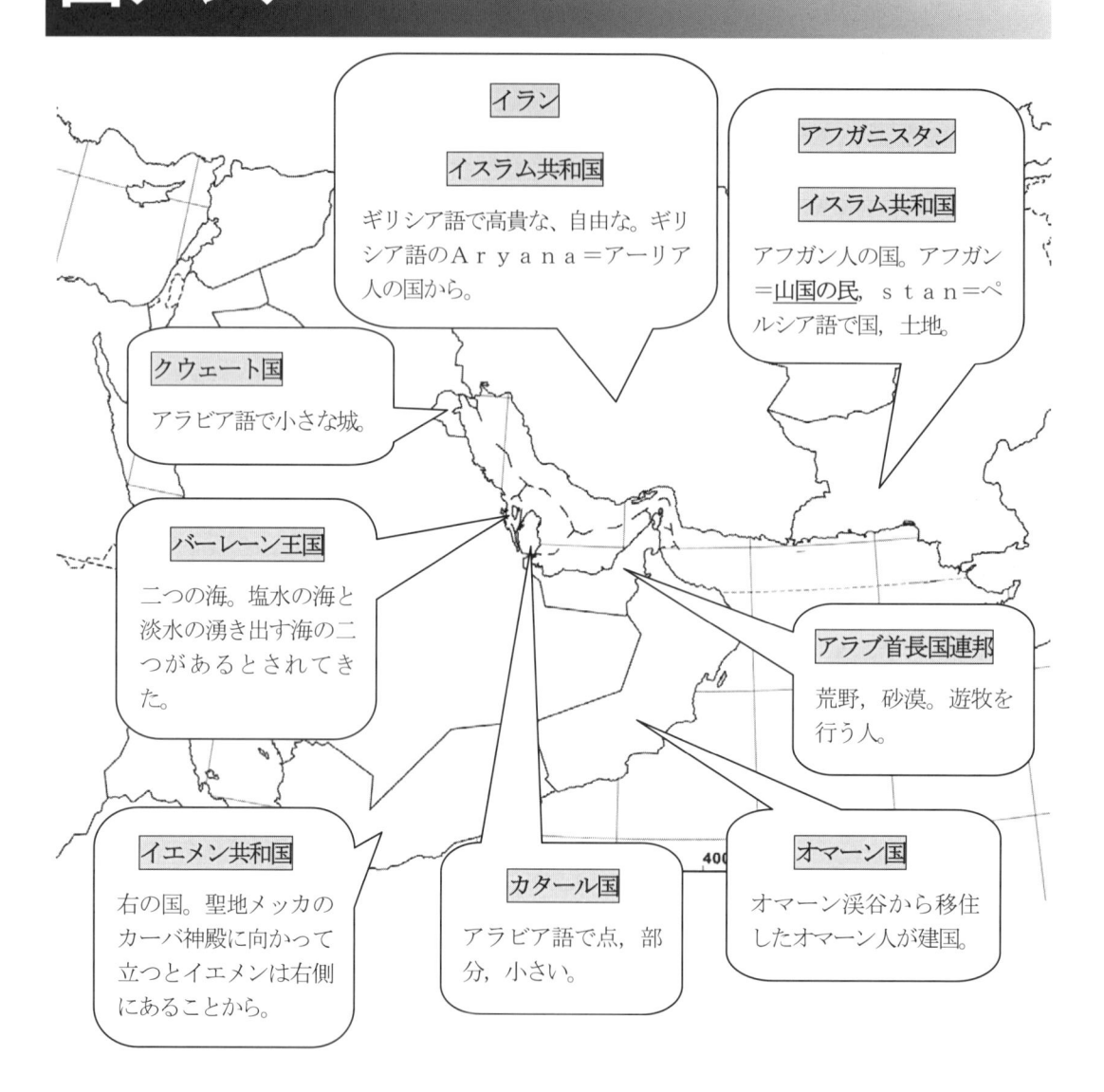

イラン　イスラム共和国
ギリシア語で高貴な、自由な。ギリシア語のAryana＝アーリア人の国から。

アフガニスタン　イスラム共和国
アフガン人の国。アフガン＝山国の民，stan＝ペルシア語で国，土地。

クウェート国
アラビア語で小さな城。

バーレーン王国
二つの海。塩水の海と淡水の湧き出す海の二つがあるとされてきた。

アラブ首長国連邦
荒野，砂漠。遊牧を行う人。

イエメン共和国
右の国。聖地メッカのカーバ神殿に向かって立つとイエメンは右側にあることから。

カタール国
アラビア語で点，部分，小さい。

オマーン国
オマーン渓谷から移住したオマーン人が建国。

地理学習に使える国名の由来

国名	由来	地理学習
アフガニスタン	山国の民の国	アフガニスタンは、海に面しない内陸国で、そのほとんどが山岳地域である。しかし、全国土の約46％が牧場・牧草地で、牧畜中心の国である。
アラブ首長国	荒野、砂漠	アラブ首長国は、耕地・牧場・牧草地の割合は約7％で、それ以外の約93％が砂漠である。7つの首長国で形成されている連邦国である。

意味のある国名っておもしろい

第4章 国名・その由来と地理学習　77

西アジア　国名・その由来その2

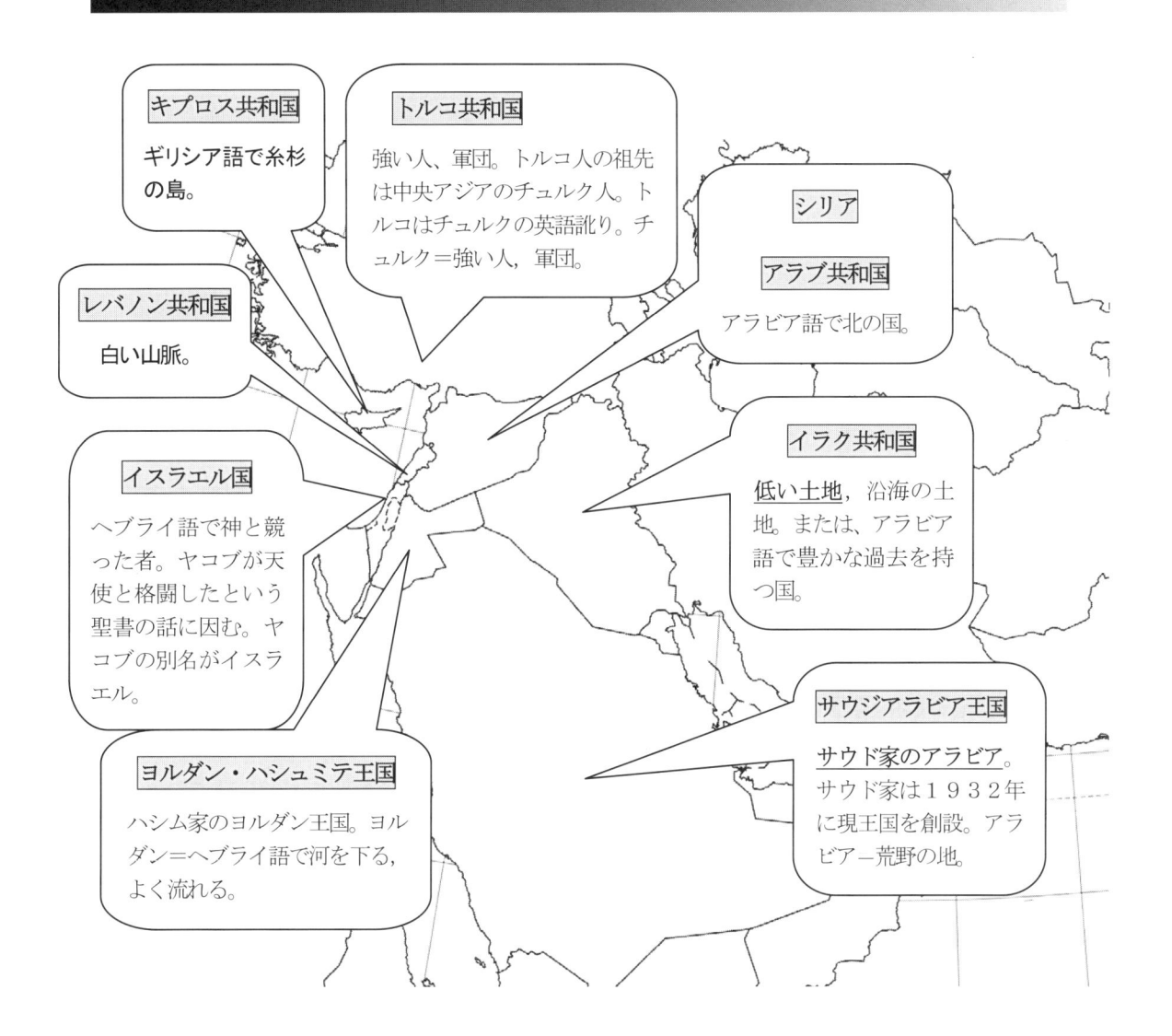

キプロス共和国
ギリシア語で糸杉の島。

トルコ共和国
強い人、軍団。トルコ人の祖先は中央アジアのチュルク人。トルコはチュルクの英語訛り。チュルク＝強い人，軍団。

シリア・アラブ共和国
アラビア語で北の国。

レバノン共和国
白い山脈。

イスラエル国
ヘブライ語で神と競った者。ヤコブが天使と格闘したという聖書の話に因む。ヤコブの別名がイスラエル。

イラク共和国
低い土地，沿海の土地。または、アラビア語で豊かな過去を持つ国。

サウジアラビア王国
サウド家のアラビア。サウド家は1932年に現王国を創設。アラビア＝荒野の地。

ヨルダン・ハシュミテ王国
ハシム家のヨルダン王国。ヨルダン＝ヘブライ語で河を下る，よく流れる。

地理学習に使える国名の由来

国　名	由　来	地　理　学　習
イラク共和国	低い土地	イラクには、トルコからティグリス川、シリアからユーフラテス川が流入し、その間はメソポタミアと呼ばれる肥沃な土地であり、最後はシャトルアラブ川となりペルシャ湾に注ぐ。このため、低平な沖積低地が大半を占める。このような地形は、イラクがアラビアプレートとイランプレートの狭まる境界に位置していることによる。
サウジアラビア王国	サウド家のアラビア	サウジアラビアは、サウド家が主要閣僚や知事ポストを占める王国である。国土の大部分は、アラビア即ち荒地である。

アフリカ　国名・その由来その1

アルジェリア民主人民共和国
島嶼の国。首都アルジェに由来。アルジェ＝島々。

チュニジア共和国
チュニスの国。チュニス＝フェニキアの女神。

大リビアアラブ社会主義人民ジャマーヒリーヤ国
リビアはギリシア神話の女神リビアから、ジャマーヒリーヤは群集・人民。

エジプトアラブ共和国
創造神プタハ神の神殿をギリシア語でアエギュプトスといい、それに因んで。

エリトリア国
ギリシア語で紅の国。紅海が、ギリシア語でメア（海）・エリトラエアム（紅）であることから。

モロッコ王国
アラビア語で西の王国。

モーリタニアイスラム共和国
モール人の国。モールは、皮膚の黒い人。

マリ共和国
11～16世紀に栄えたマリ王国に因む。マリ＝生きている王。または、カバの意味。

ニジェール共和国
ニジェール＝大河。

チャド共和国
チャド＝広大な水面。

南スーダン共和国
南の黒人の国。スーダン南部が独立。

スーダン共和国
黒人の国。

ジブチ共和国
「ダウ船（イスラム圏の伝統的木造帆船）は着いたか」のダウがアラビア語に転化してジブチ。アラビアのダウ船が出入りしていたことから。

エチオピア連邦民主共和国
ギリシア語で，日にやけた顔の人々の国。Aitos＝日に焼けた、ops＝顔、ia＝土地。

地理学習に使える国名の由来

国名	由来	地理学習
エリトリア	紅の国	紅海に面している国。1993年にエチオピアから独立。
チャド	広大な水面	国土の西部にチャド湖がある。チャド湖の面積は、気候変動や灌漑用水取水のため、その面積は約1/10に激減し、問題となっている。
ニジェール	大河	ニジェール川は、その源流がギニア中部で、その地域の年間降水量は1500～2000mmに達することから、サハラ砂漠南部を貫流する外来河川となっている。
モロッコ	西の王国	北アフリカ西端に位置する国である。

意味のある国名っておもしろい

第4章 国名・その由来と地理学習　79

アフリカ　国名・その由来その2

カーボベルデ共和国
ポルトガル語で緑の岬。Cabo＝岬、verde＝緑の。

セネガル共和国
ベルベル人の一派であるセネガ人の国。

コートジボワール共和国
フランス語で象牙海岸。

ブルキナファソ
清廉潔白な人の国、尊厳の国。ファソ＝国。

トーゴ共和国
湖の向こう。

ベナン共和国
14～19世紀に栄えたベニン（＝フランス語でベナン）王国に因む。

ナイジェリア連邦共和国
ニジェール川流域の国、大河の国。Nigerにiaを付け、英語読みにした。

ガンビア共和国
フラニ語で土手、堤防。

ガーナ共和国
ガーナ帝国に由来。ガーナ帝国は4～13世紀に西アフリカに栄えた。ガーナは、王の称号で最高支配者。

ギニアビサウ共和国
ギニア＝黒人の土地、ビサウはポルトガルの公爵領の地名に因む。

ギニア共和国
ベルベル語で黒人の土地。

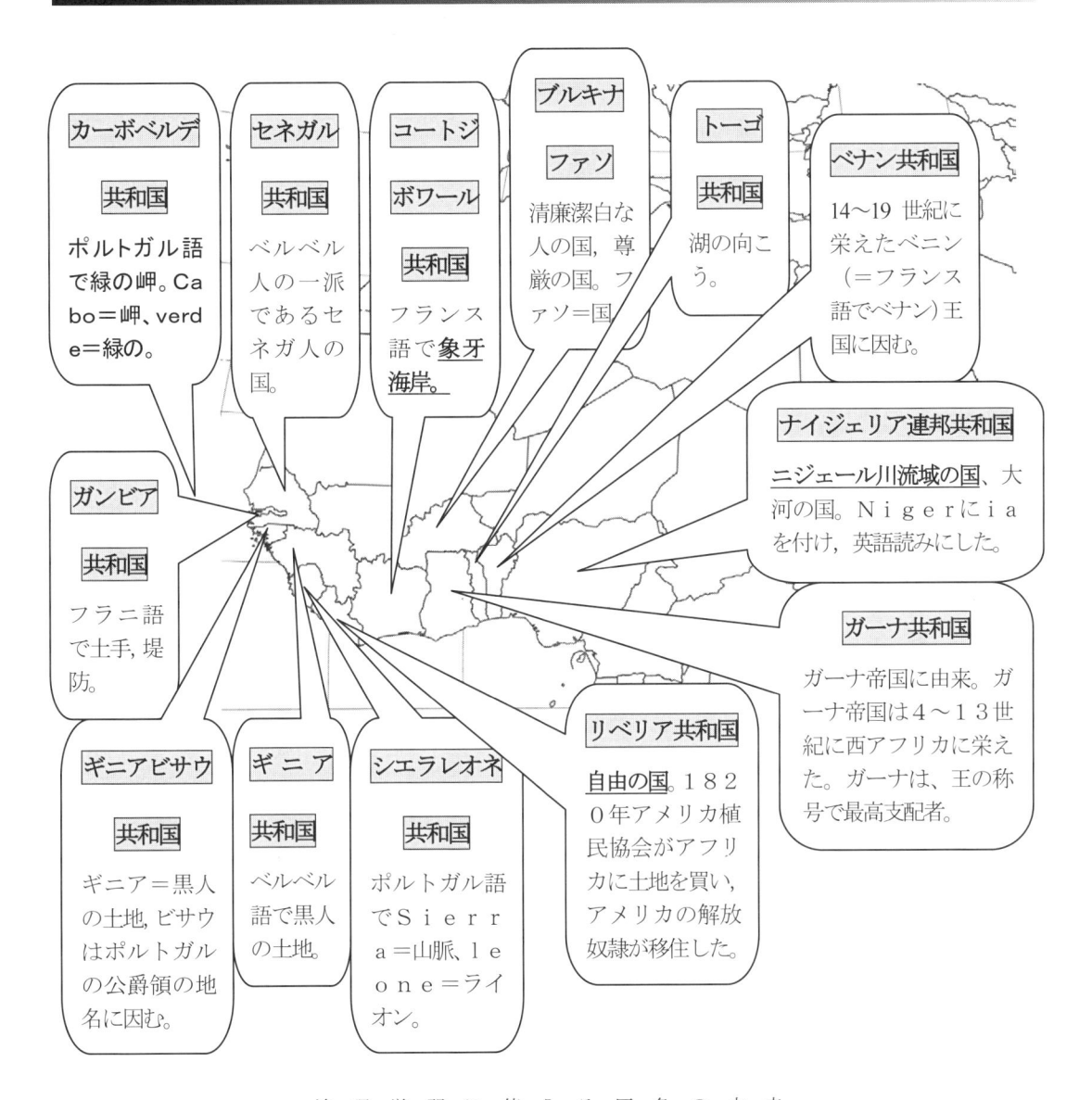

シエラレオネ共和国
ポルトガル語でSierra＝山脈、leone＝ライオン。

リベリア共和国
自由の国。1820年アメリカ植民協会がアフリカに土地を買い、アメリカの解放奴隷が移住した。

地理学習に使える国名の由来

国　名	由　来	地　理　学　習
ナイジェリア	ニジェール川流域の国	ニジェール川は、ナイジェリアの北西部から中央部を流れて、ギニア湾に注ぐ。下流域には広大な三角州が発達している。
コートジボワール	フランス語で象牙海岸	旧宗主国はフランスで、公用語はフランス語。15世紀にポルトガル・イギリス・オランダなどの貿易船が、コートジボワールで象牙や奴隷の貿易を行っていたことによる。
リベリア	自由の国	アメリカにいた解放奴隷が移住して、1847年に建国した国。アフリカでは、エチオピアに次いで古い国である。

アフリカ　国名・その由来その3

カメルーン共和国
小海老（ポルトガル語でカマラウン）の国。15世紀にポルトガル人が来航した際，川に小海老の大群をみたことから。

中央アフリカ共和国
中央の植民地。フェニキア語でアフリカ＝植民地。

ルワンダ共和国
大きな国。

ウガンダ共和国
バンツー語で民兵の国。ガンダ＝民兵。

ケニア共和国
キクユ語で白い山。Kere＝山，Nyaga＝白い，明るい。ケニア山は霧がかかり，氷河があるため神聖視された。

赤道ギニア共和国
赤道に位置する黒人の土地。

ガボン共和国
ポルトガル語で水夫の着る外套(＝水夫の着るフード付きマント)。1485年，ポルトガル船がガボンに入港したとき，入り江の形が外套に似ていたから。

コンゴ共和国
15世紀のコンゴ王国に由来。コンゴ＝土地の言葉で狩人または山。

コンゴ民主共和国
15世紀のコンゴ王国に由来。コンゴ＝土地の言葉で狩人または山。

ブルンジ共和国
やせたふくらはぎの人々。

ソマリア民主共和国
ヌビア語で黒い人々。

タンザニア連合共和国
1964年、タンガニーカとザンジバルが合併して成立。タンガニーカとザンジバルの名称に、8～15世紀に栄えたアザニア文明の名を合わせて国名にした。

地理学習に使える国名の由来

国　名	由　来	地　理　学　習
ケニア	白い山	ケニアの中央に位置するケニア山は、赤道直下にあるが、標高が約5199mもあるため、頂上には氷河があり、麓からは頂上付近が白く見える。キリマンジャロ山に次ぐアフリカ第2位の高峰。

アフリカ　国名・その由来その4

アンゴラ共和国
16世紀まで栄えたバンツー・ンゴラ王国に由来。Ngola＝王が，アンゴラに転化。

ザンビア共和国
ザンベジ川の国。ザンベジ＝大きな水路。

マラウィ共和国
チチェワ語で炎の土地。乾季の野焼きの様子。

モザンビーク共和国
行商人。1498年バスコ・ダ・ガマが到達したとき，アラビアとの交易でにぎわっていた港町の行商人を指す。

コモロ連合
アラビア語で月。

セーシェル共和国
セーシェル＝18世紀中ごろのフランス蔵相。

ボツワナ共和国
ツワナ人の国。ツワナ＝今でも切り離されている人。

モーリシャス共和国
オランダ皇太子マウリティウスに因んで。

ナミビア共和国
ナミブ砂漠の国。ナミブ＝障壁。

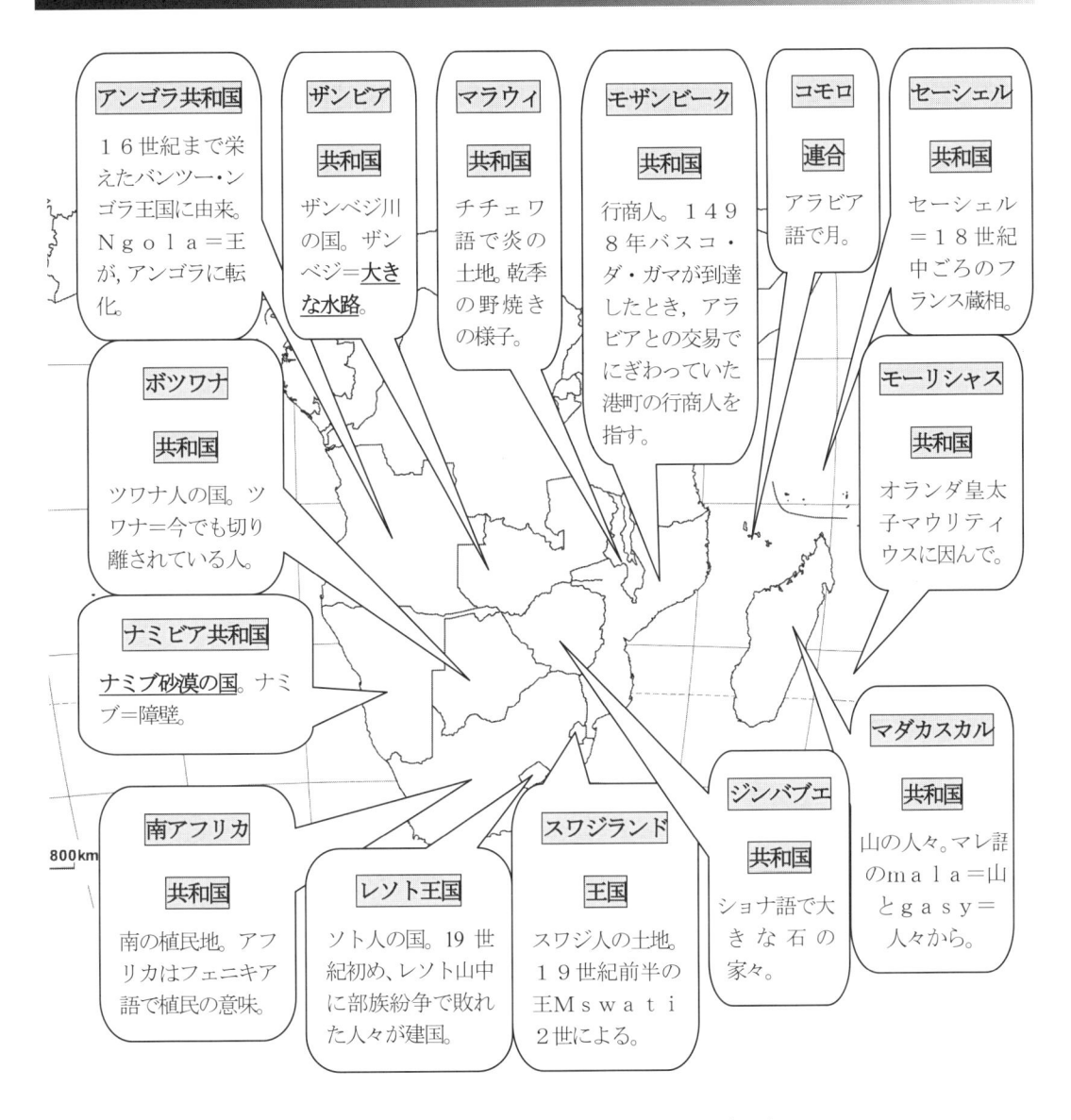

南アフリカ共和国
南の植民地。アフリカはフェニキア語で植民の意味。

レソト王国
ソト人の国。19世紀初め、レソト山中に部族紛争で敗れた人々が建国。

スワジランド王国
スワジ人の土地。19世紀前半の王Mswati2世による。

ジンバブエ共和国
ショナ語で大きな石の家々。

マダガスカル共和国
山の人々。マレ語のmala＝山とgasy＝人々から。

地理学習に使える国名の由来

国名	由来	地理学習
ナミビア	ナミブ砂漠の国	ナミブ砂漠は、寒流であるベンゲラ海流が沖を流れていることにより形成された砂漠。ベンゲラからコンゴ民主共和国の海岸部まで砂漠が続いている。
ザンビア	ザンベジ川の国（大きな水路）	ザンベジ川は、アフリカではナイル川、ニジェール川、コンゴ川と並ぶ大河川である。アンゴラ東部を水源とし、ザンビア西部、ザンビア・ジンバブエ国境を流れて、モザンビークに入り、インド洋に注ぐ。
マダガスカル	マレー語で山の人	マダガスカルの人々の祖先は、東南アジアのマレー人である。そのため、中央部では稲作が行われ、公用語もマダガスカル語と旧宗主国の言語のフランス語である。南東貿易風が卓越し、東部は熱帯雨林気候、西部はサバナ気候で、南西部には乾燥気候が分布する。

ヨーロッパ　国名・その由来その1

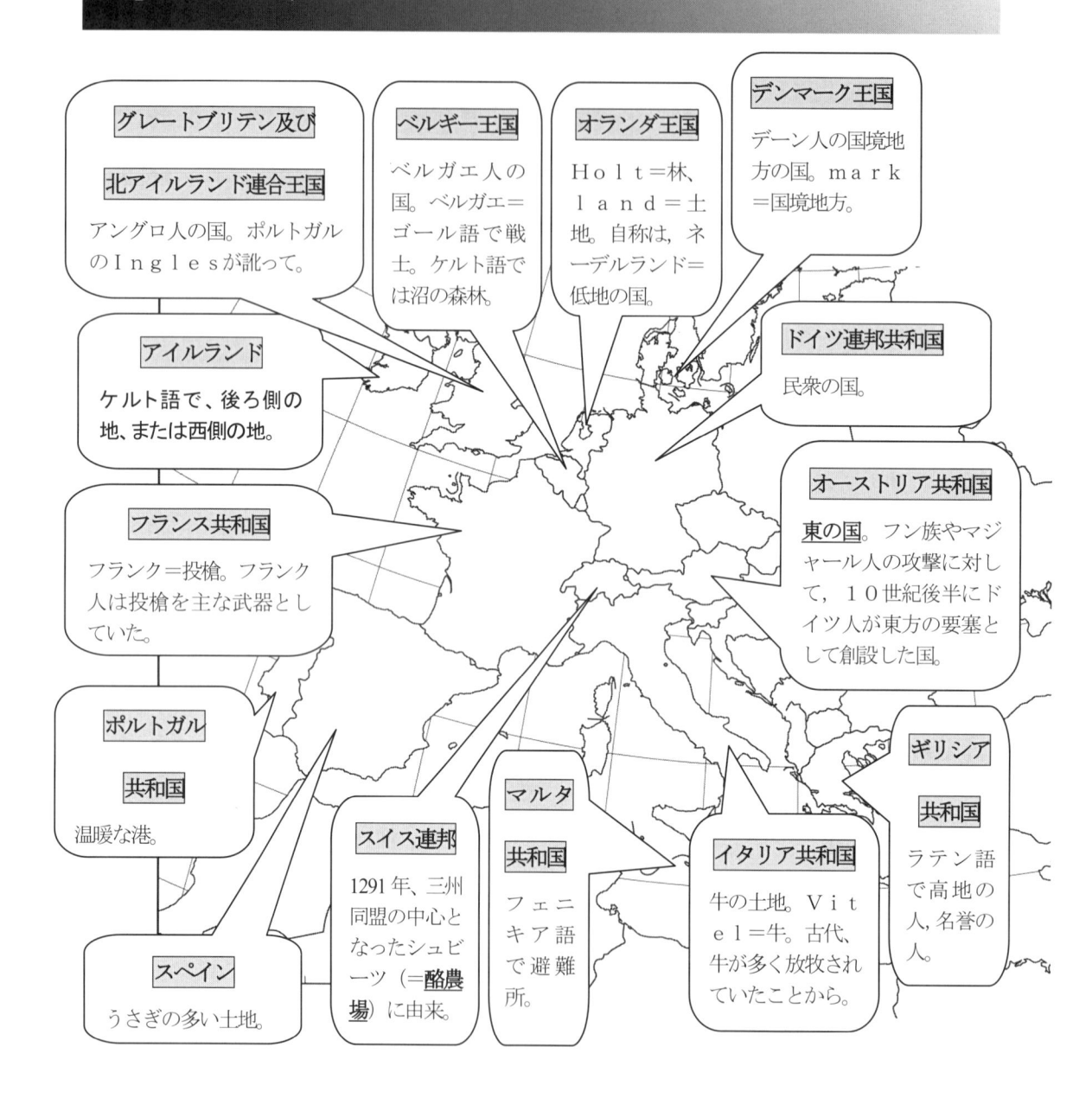

グレートブリテン及び北アイルランド連合王国
アングロ人の国。ポルトガルのInglesが訛って。

ベルギー王国
ベルガエ人の国。ベルガエ＝ゴール語で戦士。ケルト語では沼の森林。

オランダ王国
Holt＝林、land＝土地。自称は、ネーデルランド＝低地の国。

デンマーク王国
デーン人の国境地方の国。mark＝国境地方。

アイルランド
ケルト語で、後ろ側の地、または西側の地。

ドイツ連邦共和国
民衆の国。

フランス共和国
フランク＝投槍。フランク人は投槍を主な武器としていた。

オーストリア共和国
東の国。フン族やマジャール人の攻撃に対して、10世紀後半にドイツ人が東方の要塞として創設した国。

ポルトガル共和国
温暖な港。

マルタ共和国
フェニキア語で避難所。

ギリシア共和国
ラテン語で高地の人、名誉の人。

スイス連邦
1291年、三州同盟の中心となったシュビーツ（＝酪農場）に由来。

イタリア共和国
牛の土地。Vitel＝牛。古代、牛が多く放牧されていたことから。

スペイン
うさぎの多い土地。

地理学習に使える国名の由来

国名	由来	地理学習
オーストリア	東の国	ヨーロッパの東部に位置するのがオーストリア。オーストラリアの意味は「南のまたは知られざる大陸」の意味。
スイス	酪農場	ヨーロッパの酪農国は、スイス・デンマーク・オランダ。スイスの酪農は山地を利用しての垂直的移動によるもので、夏に利用する最も高い場所の牧場をアルプという。

意味のある国名っておもしろい

第4章 国名・その由来と地理学習　83

ヨーロッパ　国名・その由来その2

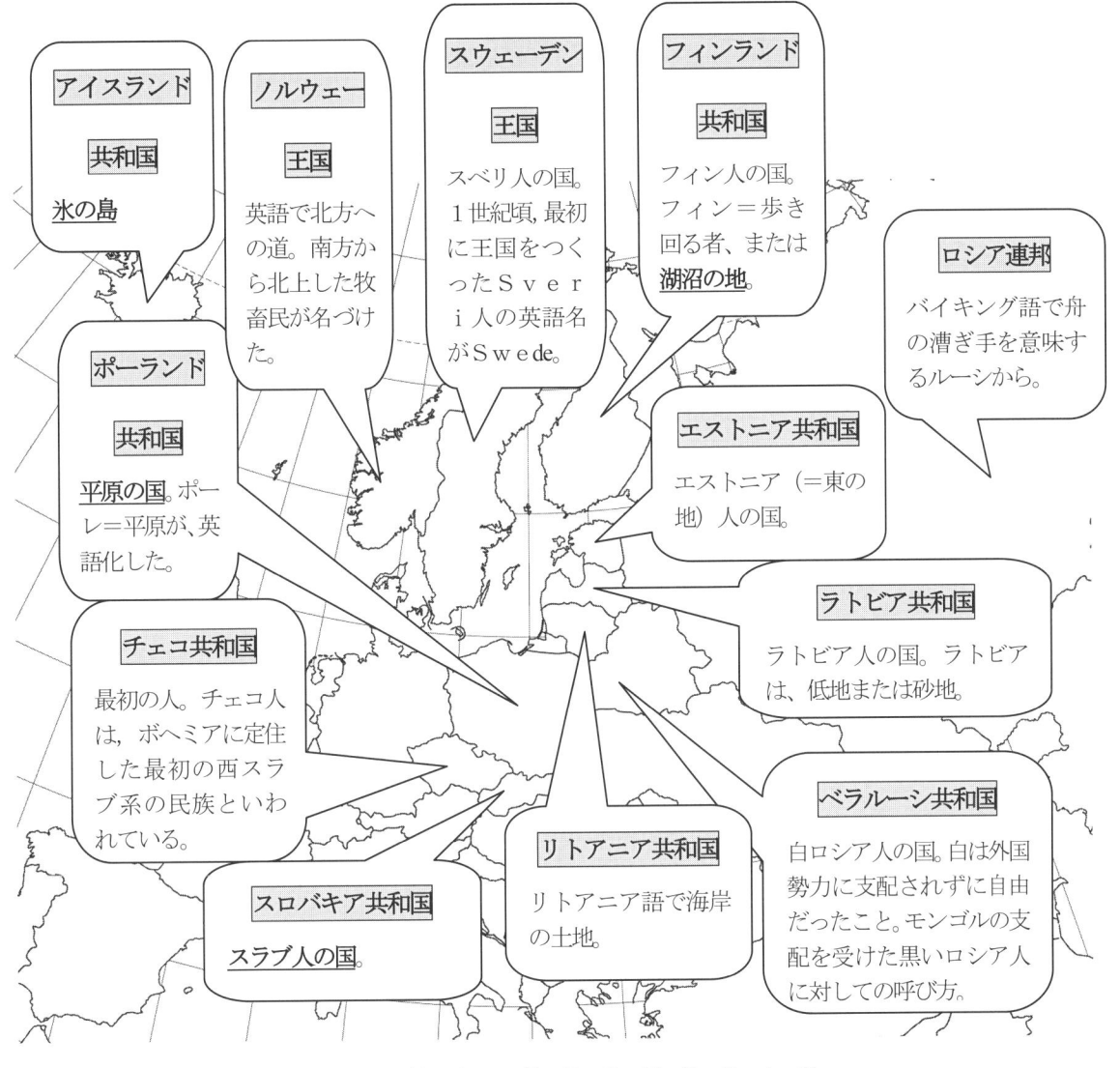

アイスランド共和国
氷の島。

ノルウェー王国
英語で北方への道。南方から北上した牧畜民が名づけた。

スウェーデン王国
スベリ人の国。1世紀頃、最初に王国をつくったSveri人の英語名がSwede。

フィンランド共和国
フィン人の国。フィン＝歩き回る者、または湖沼の地。

ロシア連邦
バイキング語で舟の漕ぎ手を意味するルーシから。

ポーランド共和国
平原の国。ポーレ＝平原が、英語化した。

エストニア共和国
エストニア（＝東の地）人の国。

ラトビア共和国
ラトビア人の国。ラトビアは、低地または砂地。

チェコ共和国
最初の人。チェコ人は、ボヘミアに定住した最初の西スラブ系の民族といわれている。

ベラルーシ共和国
白ロシア人の国。白は外国勢力に支配されずに自由だったこと。モンゴルの支配を受けた黒いロシア人に対しての呼び方。

リトアニア共和国
リトアニア語で海岸の土地。

スロバキア共和国
スラブ人の国。

地理学習に使える国名の由来

国名	由来	地理学習
フィンランド	湖沼の地	フィンランドは、最終氷期に氷床に覆われたため、氷床によって多くの氷河湖が形成された。
アイスランド	氷の島	アイスランドは、北緯63度以北に位置し、最北部は北極圏内である。しかし、北大西洋海流の影響で南半分は西岸海洋性気候、北端はツンドラ気候である。
ポーランド	平原の国	ヨーロッパ北部の平野は、ベルギー・オランダからポーランドまでの北ヨーロッパ平原とそれより東からロシアまでの東ヨーロッパ平原からなる。北ヨーロッパ平原は、北ドイツ平原とポーランド平原からなる。この地域は、氷河に覆われ、氷河地形が分布。
スロバキア	スラブ人の国	言語からみるとスロバキア人は、ポーランド・チェコ・ウクライナ・ロシアなどと同様にスラブ民族である。しかし、スロバキア・ポーランドでは、正教会ではなく、カトリック教徒の国である。

ヨーロッパ　国名・その由来その3

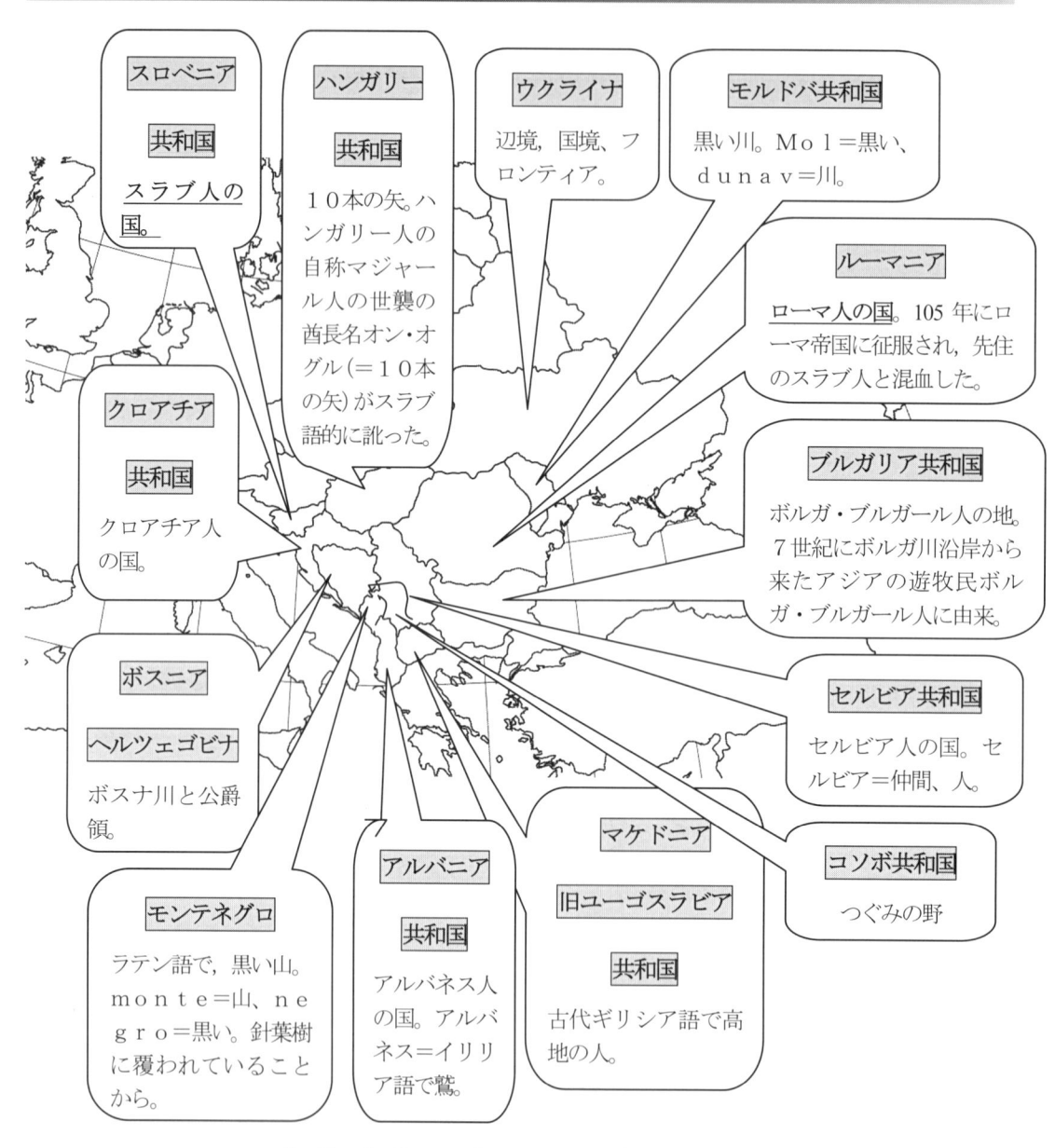

スロベニア共和国
スラブ人の国。

ハンガリー共和国
10本の矢。ハンガリー人の自称マジャール人の世襲の酋長名オン・オグル（＝10本の矢）がスラブ語的に訛った。

ウクライナ
辺境，国境，フロンティア。

モルドバ共和国
黒い川。Mol＝黒い，dunav＝川。

ルーマニア
ローマ人の国。105年にローマ帝国に征服され，先住のスラブ人と混血した。

クロアチア共和国
クロアチア人の国。

ブルガリア共和国
ボルガ・ブルガール人の地。7世紀にボルガ川沿岸から来たアジアの遊牧民ボルガ・ブルガール人に由来。

ボスニア・ヘルツェゴビナ
ボスナ川と公爵領。

セルビア共和国
セルビア人の国。セルビア＝仲間、人。

モンテネグロ
ラテン語で，黒い山。monte＝山、negro＝黒い。針葉樹に覆われていることから。

アルバニア共和国
アルバネス人の国。アルバネス＝イリリア語で鷲。

マケドニア旧ユーゴスラビア共和国
古代ギリシア語で高地の人。

コソボ共和国
つぐみの野

地理学習に使える国名の由来

国名	由来	地理学習
ルーマニア	ローマ人の地	ルーマニア語は、インド・ヨーロッパ語族イタリック語派でイタリア人と同じラテン民族。しかし、宗教はイタリアと違って正教会。
スロベニア	スラブ人の国	スロベニア語は、スラブ語派に属し、スロベニア人はスラブ民族。しかし、宗教は正教会ではなく、カトリックである。

意味のある国名っておもしろい

第4章 国名・その由来と地理学習　85

カフカス諸国　国名・その由来

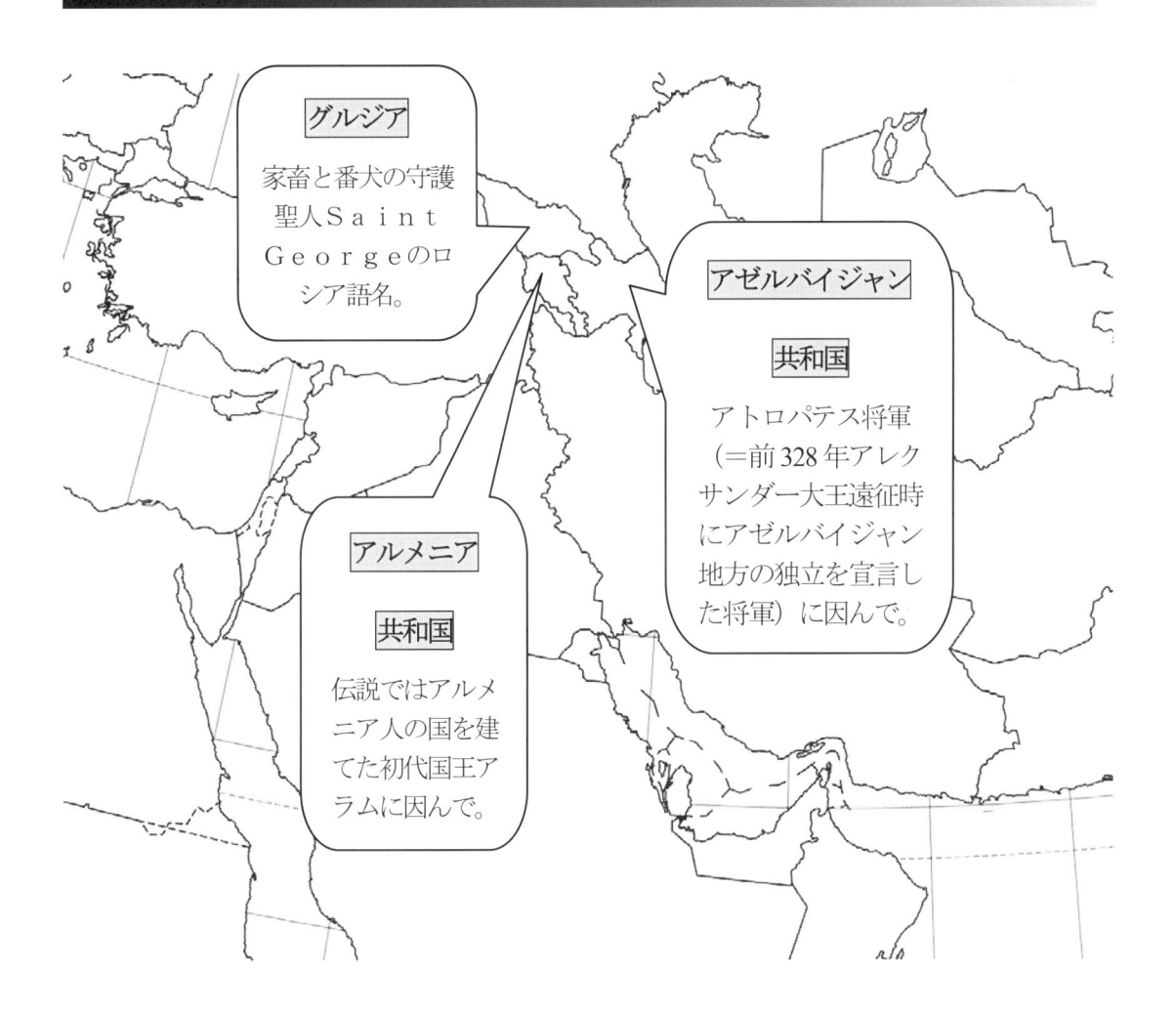

グルジア
家畜と番犬の守護聖人Saint Georgeのロシア語名。

アゼルバイジャン共和国
アトロパテス将軍（＝前328年アレクサンダー大王遠征時にアゼルバイジャン地方の独立を宣言した将軍）に因んで。

アルメニア共和国
伝説ではアルメニア人の国を建てた初代国王アラムに因んで。

北アメリカ　国名・その由来その1

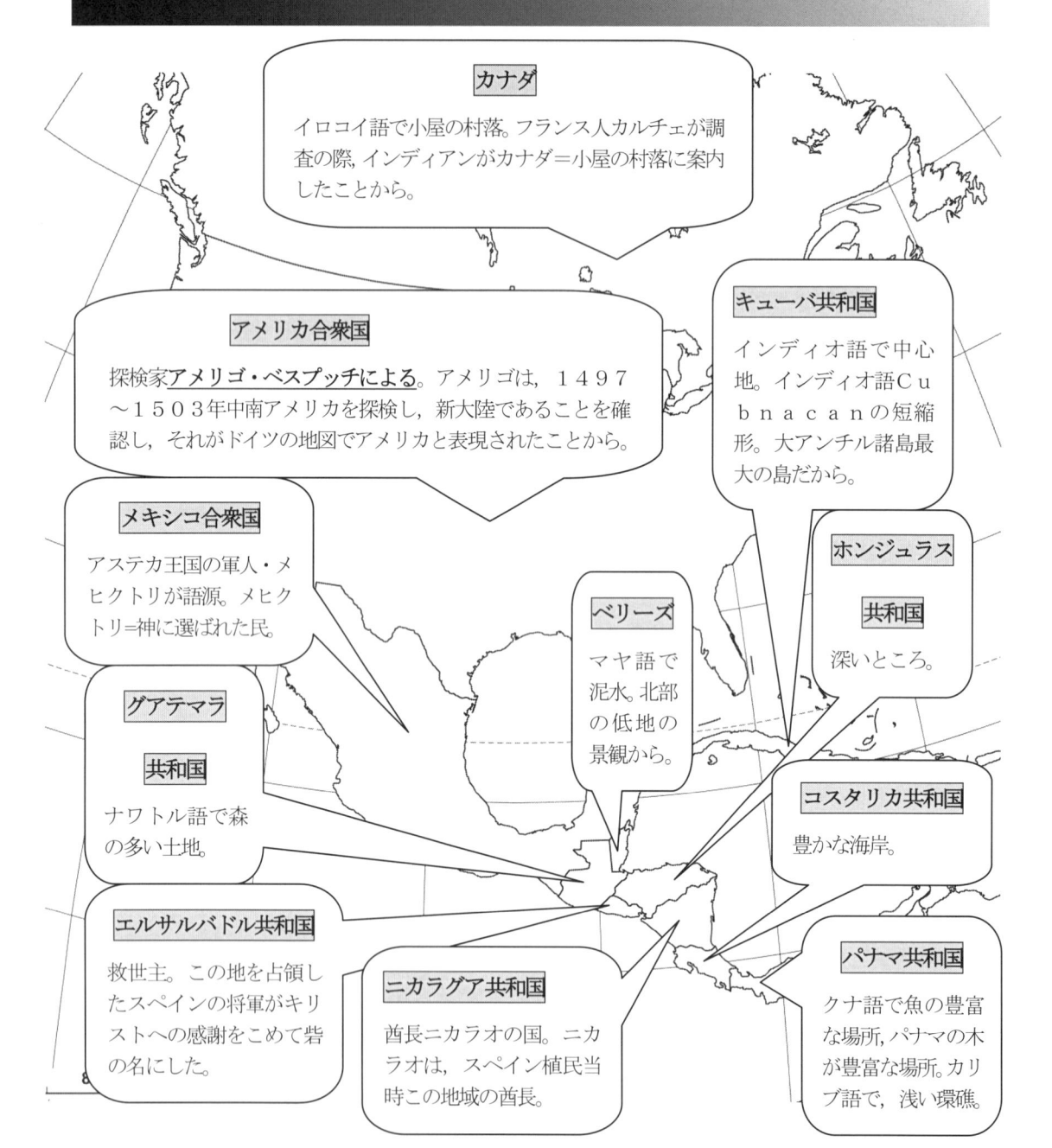

カナダ
イロコイ語で小屋の村落。フランス人カルチェが調査の際，インディアンがカナダ＝小屋の村落に案内したことから。

アメリカ合衆国
探検家**アメリゴ・ベスプッチによる**。アメリゴは，1497～1503年中南アメリカを探検し，新大陸であることを確認し，それがドイツの地図でアメリカと表現されたことから。

キューバ共和国
インディオ語で中心地。インディオ語Cubnacanの短縮形。大アンチル諸島最大の島だから。

メキシコ合衆国
アステカ王国の軍人・メヒクトリが語源。メヒクトリ＝神に選ばれた民。

ベリーズ
マヤ語で泥水。北部の低地の景観から。

ホンジュラス共和国
深いところ。

グアテマラ共和国
ナワトル語で森の多い土地。

コスタリカ共和国
豊かな海岸。

エルサルバドル共和国
救世主。この地を占領したスペインの将軍がキリストへの感謝をこめて砦の名にした。

ニカラグア共和国
酋長ニカラオの国。ニカラオは，スペイン植民当時この地域の酋長。

パナマ共和国
クナ語で魚の豊富な場所，パナマの木が豊富な場所。カリブ語で，浅い環礁。

地理学習に使える国名の由来

国名	由来	地理学習
アメリカ	アメリゴ・ベスプッチによる	1492年コロンブスがアメリカ大陸を発見し，その後多くのヨーロッパ人は「アメリカ大陸は東アジアの一部」と考えた。それに対し，アメリゴは1497～1504年の間に4度新大陸に航海を行い，アジアとは別の大陸であると主張した。この事実が確認された後，アメリゴに因んで命名した。

意味のある国名っておもしろい

第4章 国名・その由来と地理学習　87

北アメリカ　国名・その由来その2

バハマ国
スペイン語の引き潮。Baja=引く、mar=潮

ハイチ共和国
カリブ語で山がちな。

ドミニカ共和国
ドミニカ=安息日

アンティグア・バーブーダ
アンティグア島とバーブーダ島から形成。前者はスペインのアンティグア教会から。バーブーダはバルバドス島と誤って地図に記されたことから。

ジャマイカ
カリブ語の涌き水から。Xamaca=涌き水。

グアドループ島

ドミニカ国
ドミニカ=安息日

マルティニーク島

セントクリストファーネービス
聖クリストファー島とネービス島から形成。聖クリストファーは交通安全の守護神。ネービスはネービス島の最高峰で、イギリス最高峰ベンネビスに由来。

セントルシア
守護聖女・聖ルチア。聖ルチアは、眼・ガラス製造業・農業の守護聖女。

セントビンセントおよびグラナディーン諸島
聖ビンセントおよびざくろの丘。コロンブスが聖ビンセント（=ぶどう作りの守護聖人）に因んで命名。グラナディーンは、スペインのグラナダ（=ざくろ）から。

グレナダ
スペイン語でざくろ。スペイン語のグラナダ=ざくろ。

トリニダード・トバゴ共和国
トリニダード島とトバゴ島から形成。トリニダードはスペイン語の丘陵。トバゴは、インディアンの言葉で煙の出る草(タバコ)のこと。

バルバドス
ポルトガル語でのぎ（=稲・麦の殻の先の固い毛）のある木。漂着したポルトガル人が長い苔が垂れ下がった木をみつけて。

南アメリカ　国名・その由来

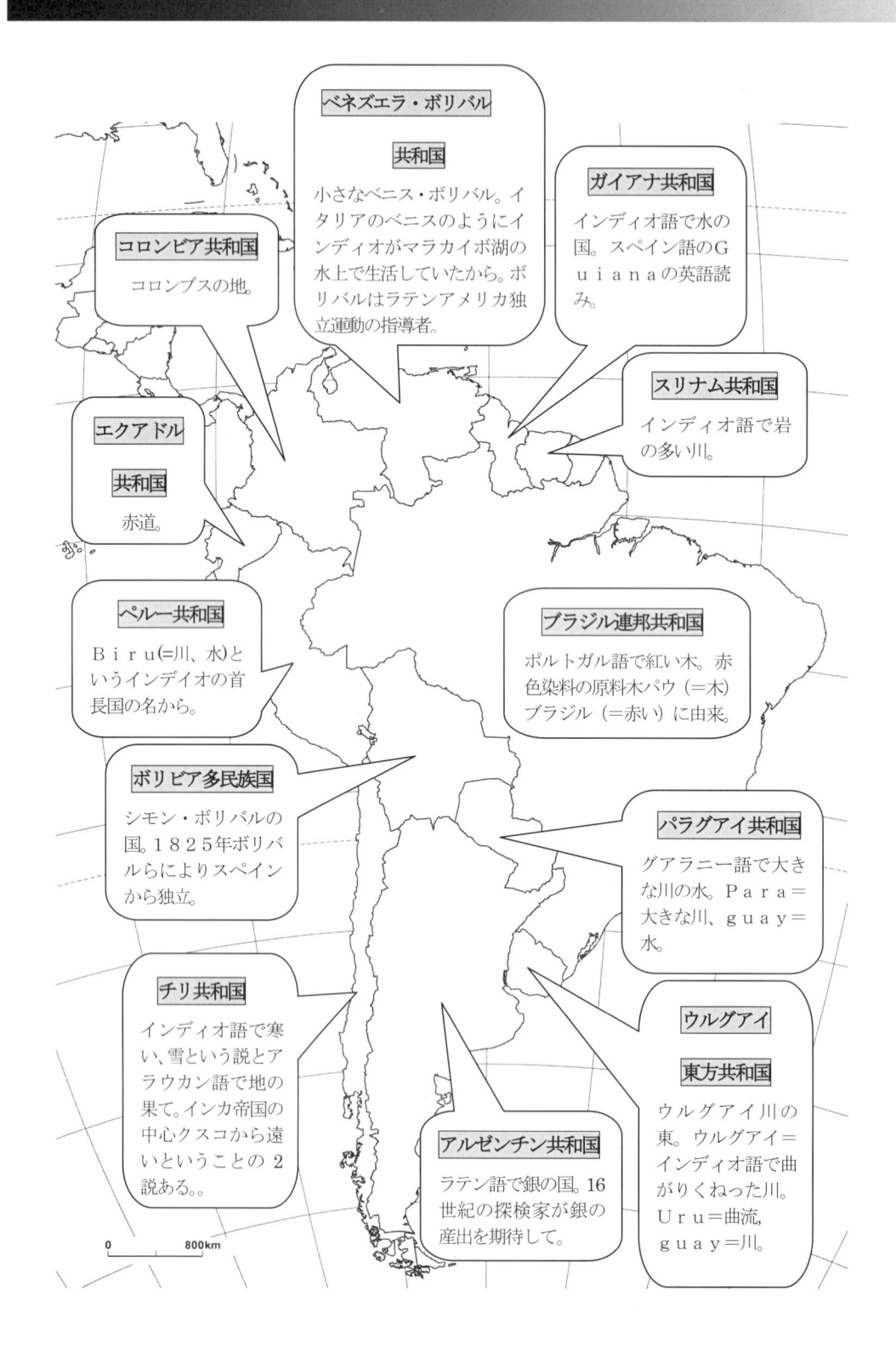

コロンビア共和国
コロンブスの地。

ベネズエラ・ボリバル共和国
小さなベニス・ボリバル。イタリアのベニスのようにインディオがマラカイボ湖の水上で生活していたから。ボリバルはラテンアメリカ独立運動の指導者。

ガイアナ共和国
インディオ語で水の国。スペイン語のGuianaの英語読み。

スリナム共和国
インディオ語で岩の多い川。

エクアドル共和国
赤道。

ペルー共和国
Biru(=川、水)というインディオの首長国の名から。

ブラジル連邦共和国
ポルトガル語で紅い木。赤色染料の原料木パウ(=木)ブラジル(=赤い)に由来。

ボリビア多民族国
シモン・ボリバルの国。1825年ボリバルらによりスペインから独立。

パラグアイ共和国
グアラニー語で大きな川の水。Para=大きな川、guay=水。

チリ共和国
インディオ語で寒い、雪という説とアラウカン語で地の果て。インカ帝国の中心クスコから遠いということの2説ある。

アルゼンチン共和国
ラテン語で銀の国。16世紀の探検家が銀の産出を期待して。

ウルグアイ東方共和国
ウルグアイ川の東。ウルグアイ=インディオ語で曲がりくねった川。Uru=曲流、guay=川。

意味のある国名っておもしろい

第4章　国名・その由来と地理学習　89

オセアニア　国名・その由来

パプアニューギニア独立国
縮れ毛，新ギニア。パプア＝マレー語で縮れ毛。原住民が縮毛であることから。ニューギニアは，アフリカのギニアに似ていたことから。

パラオ共和国
メラネシア語で島。

ミクロネシア連邦
ギリシア語で極小の島。ミクロ＝極小の，ネシア＝島々。

マーシャル諸島共和国
1788年イギリス東インド会社のマーシャル船長が探検したことから。

キリバス共和国
イギリスの探検家ギルバート。1788年にこの島を探検したギルバートの名が訛った。

ナウル共和国
ポリネシア語で雨の多い。滝のような雨

ツバル 八つの島。

サモア独立国
モア神の地。モアは，神の化身としての鳥。

ソロモン諸島
ソロモン王の故事に因む。スペインの探検隊が、黄金伝説のソロモンの地を発見したと吹聴したことから。

トンガ王国
南の王国。

オーストラリア連邦
ラテン語で南の大陸、知られざる国。

バヌアツ共和国
メラネシア語で我々の土地。Vanua＝土地、tu＝我々。

ニュージーランド
新しい海の土地。1642年タスマンが，オランダのZeeland州から。

フィジー共和国
東の大きな島。首都のあるビチレブ島のVitiが，Fijiと発音されたから。

地 理 学 習 に 使 え る 国 名 の 由 来

国　名	由　　来	地　理　学　習
ナウル	滝のような雨	ナウルとミクロネシア・マーシャルの国境が赤道である。熱帯雨林気候であることから、毎日、午後になると滝のような雨すなわちスコールとなる。

90　（70pからつづく）　　第30回オリンピック 2012年ロンドン開会式予想入場順その3

	国名 地域名（網）	略称	正式国名と国名の由来（☆） クイズとゴロで覚える国名と位置（★） 紛らわしい国名と位置（※） 掲載ページ
85	イラン	IRI	☆76 p、★9、10 p、※43 p
86	アイルランド	IRL	☆82 p、　　　※42 p
87	イラク	IRQ	☆77 p、★10 p、※43 p
88	アイスランド	ISL	☆83 p、　　　※42 p
89	イスラエル	ISR	☆77 p、★10、11 p
90	（アメリカ領）ヴァージン諸島	ISV	
91	イタリア	ITA	☆82 p、★29 p
92	イギリス領ヴァージン諸島	IVB	
93	ジャマイカ	JAM	☆87 p、★35 p
94	ヨルダン	JOR	☆77 p、★10、11 p
95	日本	JPN	
96	カザフスタン	KAZ	☆75 p、★8 p
97	ケニア	KEN	☆80 p、★18 p
98	キルギス	KGZ	☆75 p、★8 p、※49 p
99	キリバス	KIR	☆89 p、★38、39 p、※49 p
100	大韓民国	KOR	☆72 p
101	サウジアラビア	KSA	☆77 p、★10 p
102	クウェート	KUW	☆76 p、★12 p
103	ラオス	LAO	☆73 p、★2、3 p
104	ラトビア	LAT	☆83 p、★28 p
105	リビア	LBA	☆78 p、★15 p
106	リベリア	LBR	☆79 p、★20、21 p、※44 p
107	セントルシア	LCA	☆87 p、★36 p
108	レソト	LES	☆81 p、★24 p
109	レバノン	LIB	☆77 p、★10、11 p
110	リヒテンシュタイン	LIE	★33 p
111	リトアニア	LTU	☆83 p、★28 p、※44 p
112	ルクセンブルグ	LUX	★26 p
113	マダガスカル	MAD	☆81 p
114	モロッコ	MAR	☆78 p、★15 p、※47 p
115	マレーシア	MAS	☆73 p、★4 p
116	マラウイ	MAW	☆81 p、★18 p
117	モルドバ	MDA	☆84 p
118	モルディブ	MDV	☆74 p、★25 p、※47 p
119	メキシコ	MEX	☆86 p
120	モンゴル	MGL	☆72 p、　　　※47 p
121	マーシャル	MHL	☆89 p、★38、39 p
122	マケドニア	MKD	☆84 p、★31 p
123	マリ	MLI	☆78 p、★16 p
124	マルタ	MLT	☆82 p
125	モンテネグロ	MNE	☆84 p、★31 p
126	モナコ	MON	★33 p、※47 p
127	モザンビーク	MOZ	☆81 p、★17 p、※47 p
128	モーリシャス	MRI	☆81 p、★25 p、※47 p
129	モーリタニア	MTN	☆78 p、★16 p

（109ページにつづく）

東・東南アジア　　南アジア　　中央アジア　　西アジア・その１・その２　　アフリカ・その１からその４　　ヨーロッパ・その１からその３　　カフカス諸国　　北アメリカ・その１・その２　　南アメリカ　　オセアニア　　この順番で各国の首都名とその由来が地図上にまとめられています。

第5章
首都名・
その由来と
地理学習

いくつかの国の首都については、その由来が地理学習に活かせるように解説をつけました。

東・東南アジア　首都名・その由来

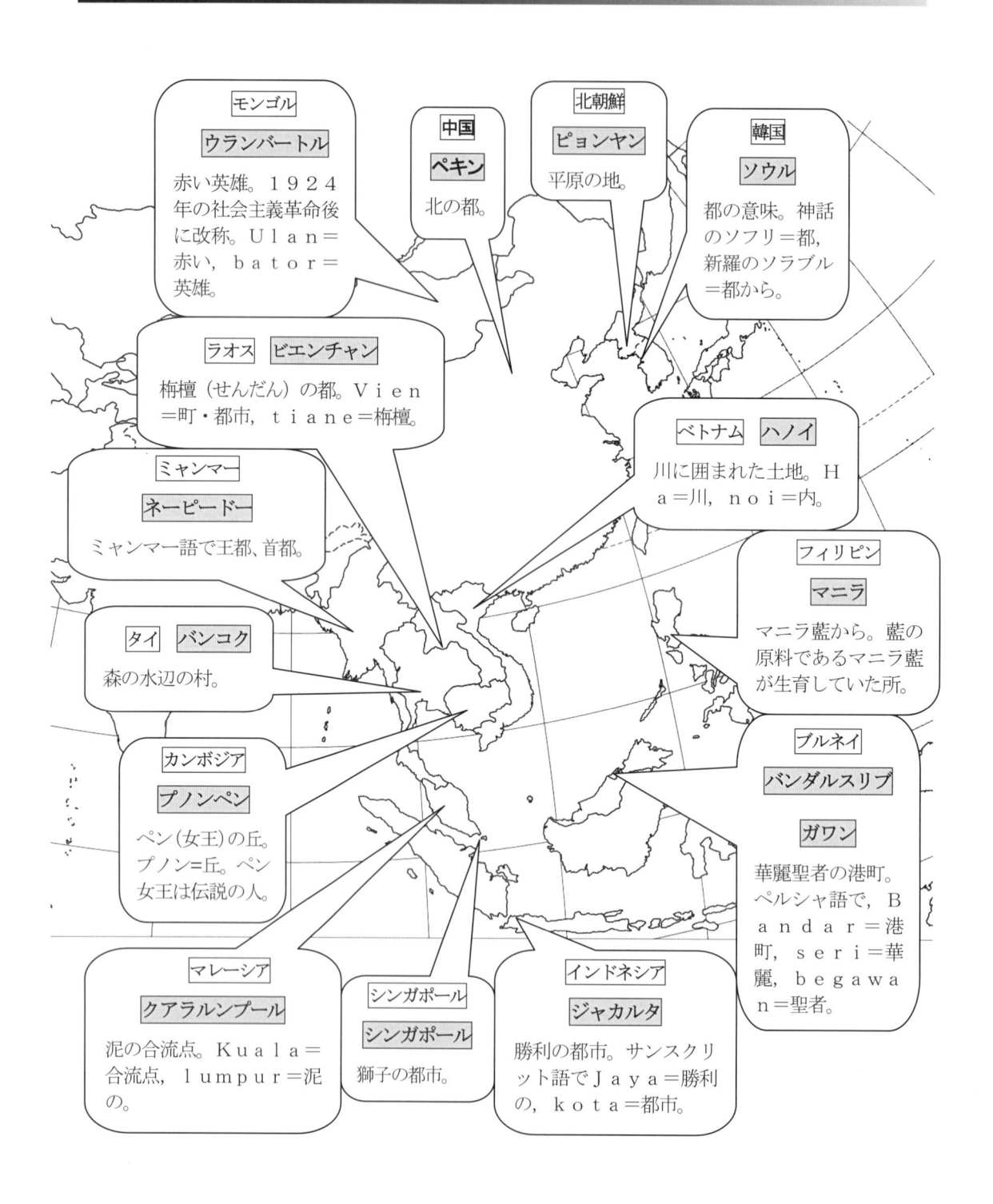

モンゴル　ウランバートル
赤い英雄。1924年の社会主義革命後に改称。Ulan＝赤い, bator＝英雄。

中国　ペキン
北の都。

北朝鮮　ピョンヤン
平原の地。

韓国　ソウル
都の意味。神話のソフリ＝都, 新羅のソラブル＝都から。

ラオス　ビエンチャン
栴檀（せんだん）の都。Vien＝町・都市, tiane＝栴檀。

ミャンマー　ネーピードー
ミャンマー語で王都、首都。

ベトナム　ハノイ
川に囲まれた土地。Ha＝川, noi＝内。

フィリピン　マニラ
マニラ藍から。藍の原料であるマニラ藍が生育していた所。

タイ　バンコク
森の水辺の村。

カンボジア　プノンペン
ペン（女王）の丘。プノン＝丘。ペン女王は伝説の人。

ブルネイ　バンダルスリブガワン
華麗聖者の港町。ペルシャ語で, Bandar＝港町, seri＝華麗, begawan＝聖者。

マレーシア　クアラルンプール
泥の合流点。Kuala＝合流点, lumpur＝泥の。

シンガポール　シンガポール
獅子の都市。

インドネシア　ジャカルタ
勝利の都市。サンスクリット語でJaya＝勝利の, kota＝都市。

意味のある首都名っておもしろい

第5章 首都名・その由来と地理学習　93

南アジア　首都名・その由来

パキスタン
イスラマバード
イスラムの都市。

ネパール
カトマンズ
サンスクリット語で木の家の寺院。Kashtha＝木の家の，mandapa＝寺院。

ブータン
ティンプー
(不明)

インド
デリー
ディルー王から。前1世紀にディルー王が都を建設。

バングラデシュ
ダッカ
実りの神ダゲスクリーから。ダゲスクリー＝豊饒の女神。

モルディブ
マレ
環状の島。

スリランカ
スリジャヤワルダナプラコッテ
神聖な勝利をもたらすコッテ朝の都。Sri＝神聖な，Jayewardene＝勝利をもたらす，pura＝都市。コッテ朝は15〜16世紀のスリランカの王朝。

地理学習に使える首都名の由来

首都名	由来	地理学習
イスマラバード	イスラムの都市	パキスタンは、イスラム教を国教とし、国民の約96％がイスラム教徒である。国別のイスラム教徒数では、インドネシアに次いで世界第2位である。

中央アジア　首都名・その由来

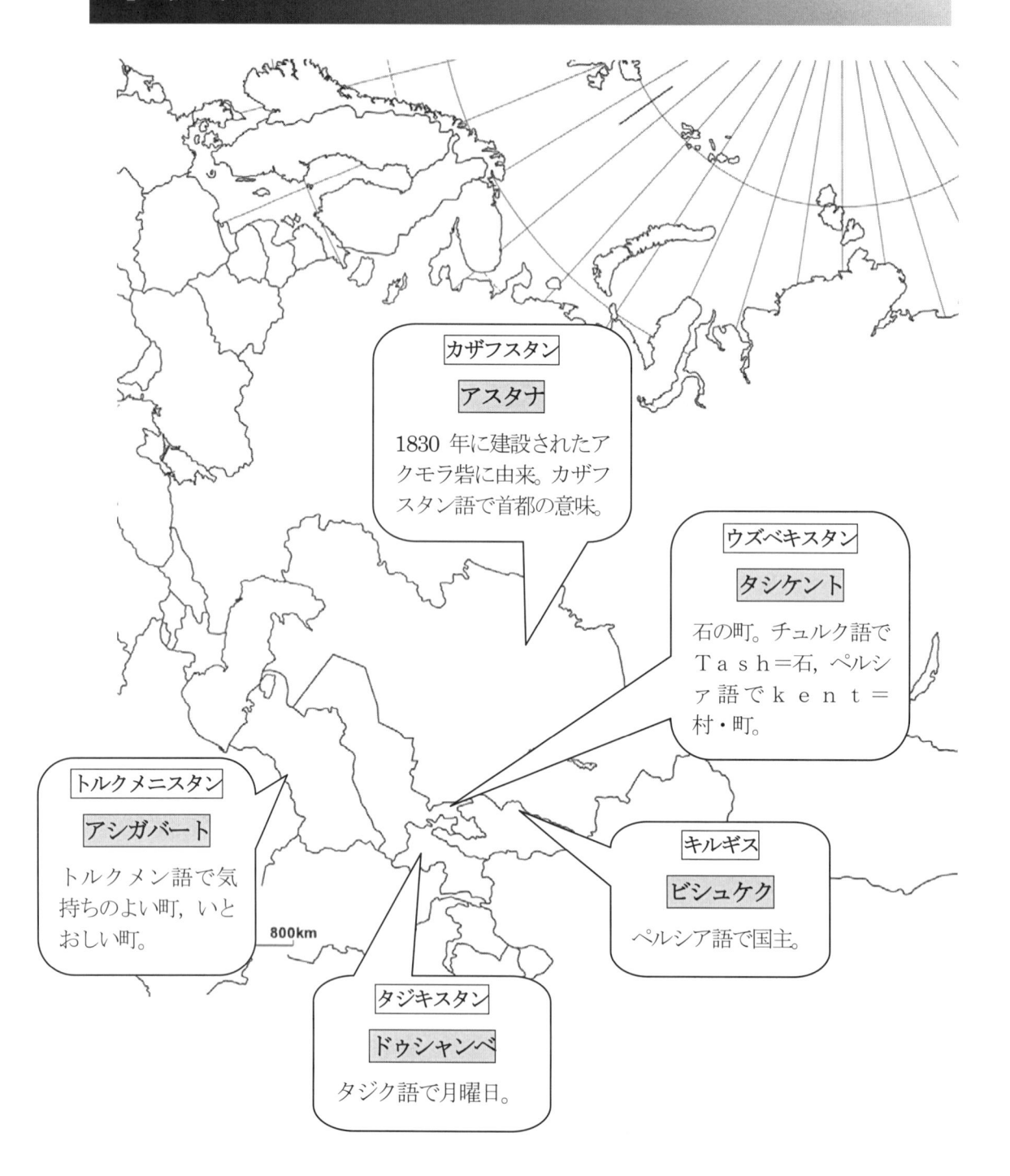

カザフスタン
アスタナ
1830年に建設されたアクモラ砦に由来。カザフスタン語で首都の意味。

ウズベキスタン
タシケント
石の町。チュルク語でTash＝石, ペルシァ語でkent＝村・町。

トルクメニスタン
アシガバート
トルクメン語で気持ちのよい町, いとおしい町。

キルギス
ビシュケク
ペルシア語で国主。

タジキスタン
ドゥシャンベ
タジク語で月曜日。

意味のある首都名っておもしろい

第5章 首都名・その由来と地理学習　95

西アジア　首都名・その由来 その1

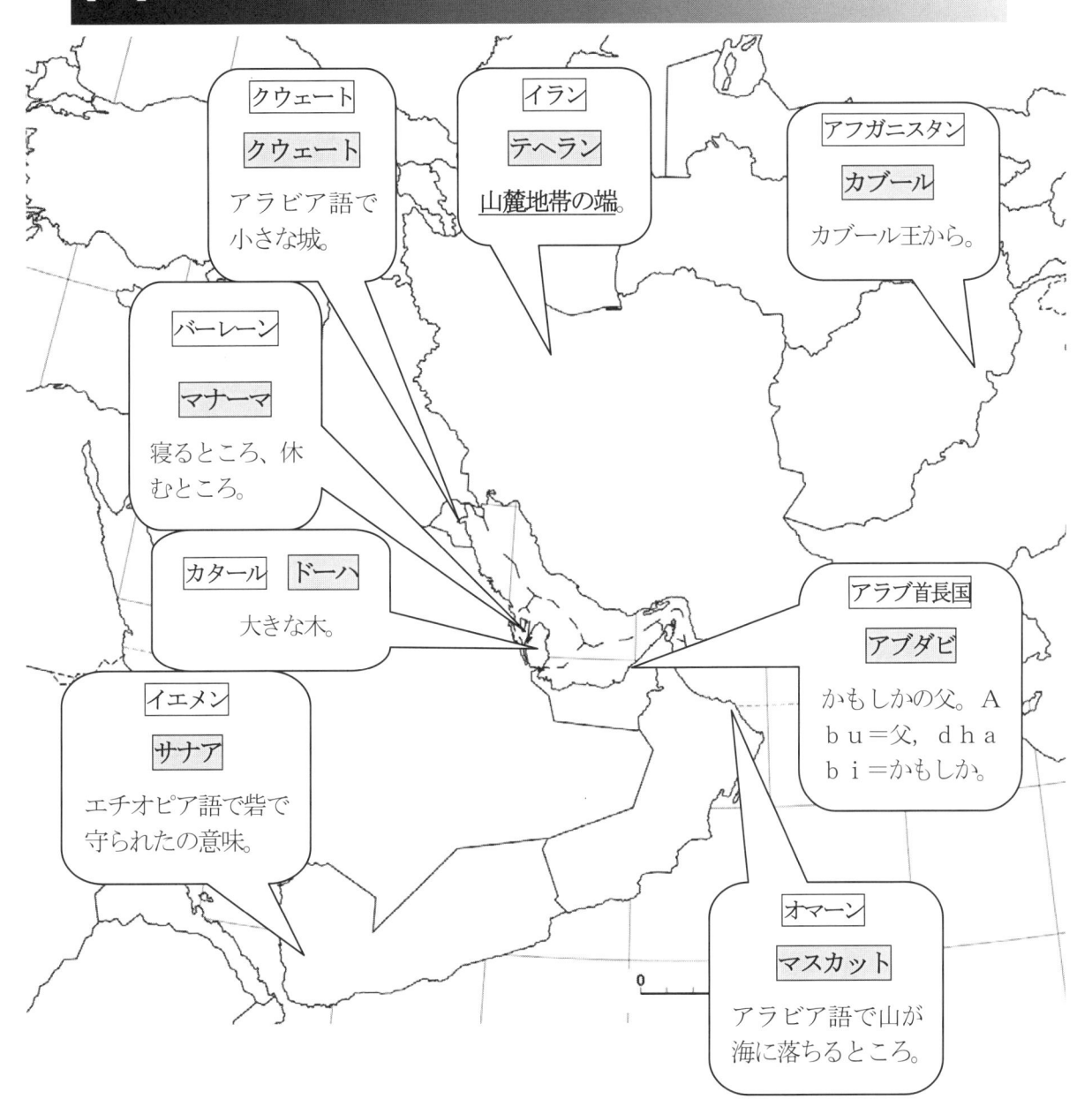

クウェート／クウェート
アラビア語で小さな城。

イラン／テヘラン
山麓地帯の端。

アフガニスタン／カブール
カブール王から。

バーレーン／マナーマ
寝るところ、休むところ。

カタール／ドーハ
大きな木。

アラブ首長国／アブダビ
かもしかの父。Abu＝父, dhabi＝かもしか。

イエメン／サナア
エチオピア語で砦で守られたの意味。

オマーン／マスカット
アラビア語で山が海に落ちるところ。

地 理 学 習 に 使 え る 首 都 名 の 由 来

首都名	由　来	地　理　学　習
テヘラン	山麓地帯の端	新期造山帯のアルプス・ヒマラヤ造山帯に属するエルブールズ（アルボルズ）山脈の南の山麓に位置している。標高1200m地点にあり、乾燥気候であるが、エルブールズ山脈の融雪水により地下水が豊富である。

西アジア　首都名・その由来その2

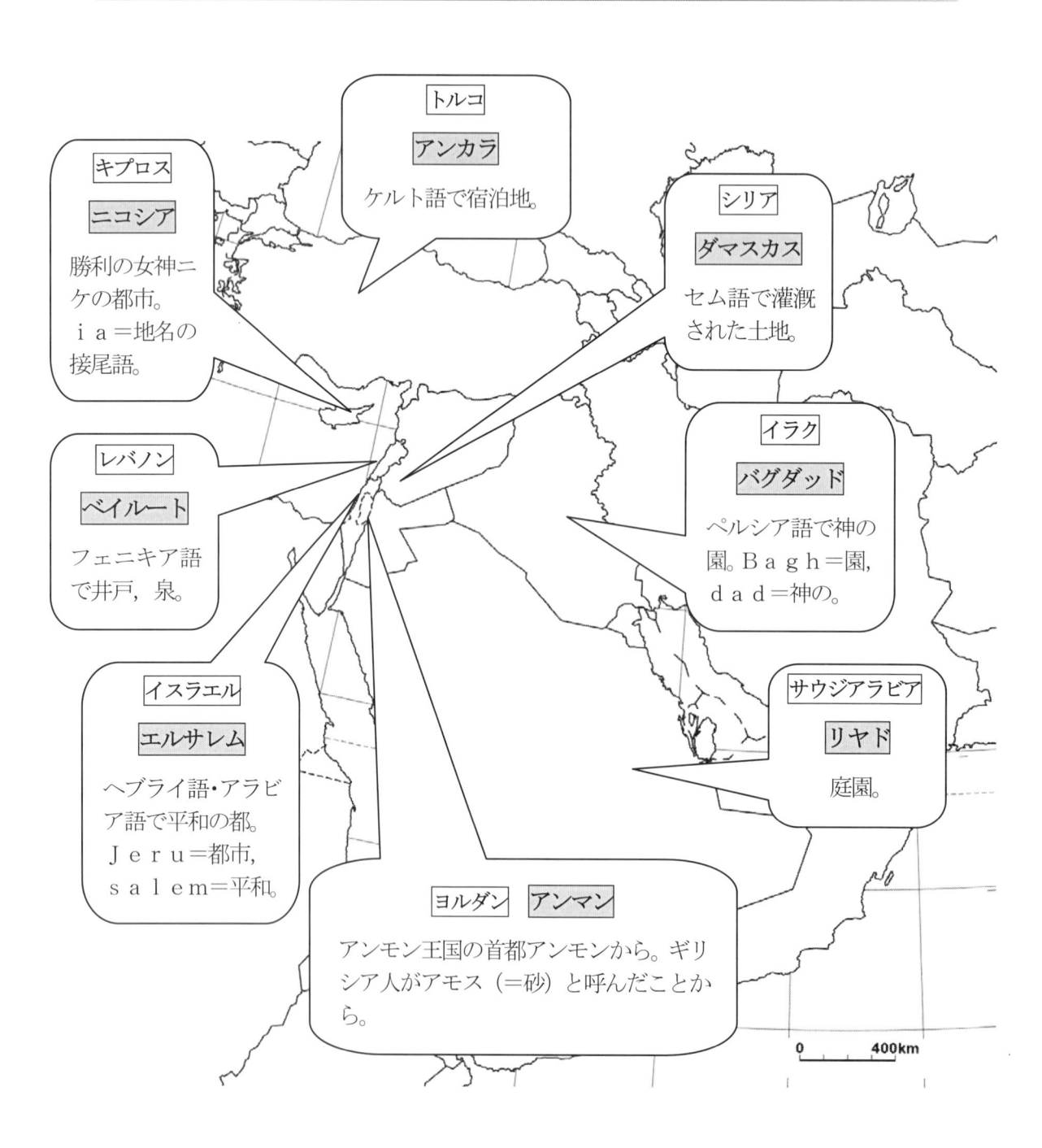

キプロス　ニコシア
勝利の女神ニケの都市。ia＝地名の接尾語。

トルコ　アンカラ
ケルト語で宿泊地。

シリア　ダマスカス
セム語で灌漑された土地。

レバノン　ベイルート
フェニキア語で井戸, 泉。

イラク　バグダッド
ペルシア語で神の園。Ｂａｇｈ＝園, ｄａｄ＝神の。

イスラエル　エルサレム
ヘブライ語・アラビア語で平和の都。Ｊｅｒｕ＝都市, ｓａｌｅｍ＝平和。

サウジアラビア　リヤド
庭園。

ヨルダン　アンマン
アンモン王国の首都アンモンから。ギリシア人がアモス（＝砂）と呼んだことから。

意味のある首都名っておもしろい

第5章 首都名・その由来と地理学習　97

アフリカ　首都名・その由来その1

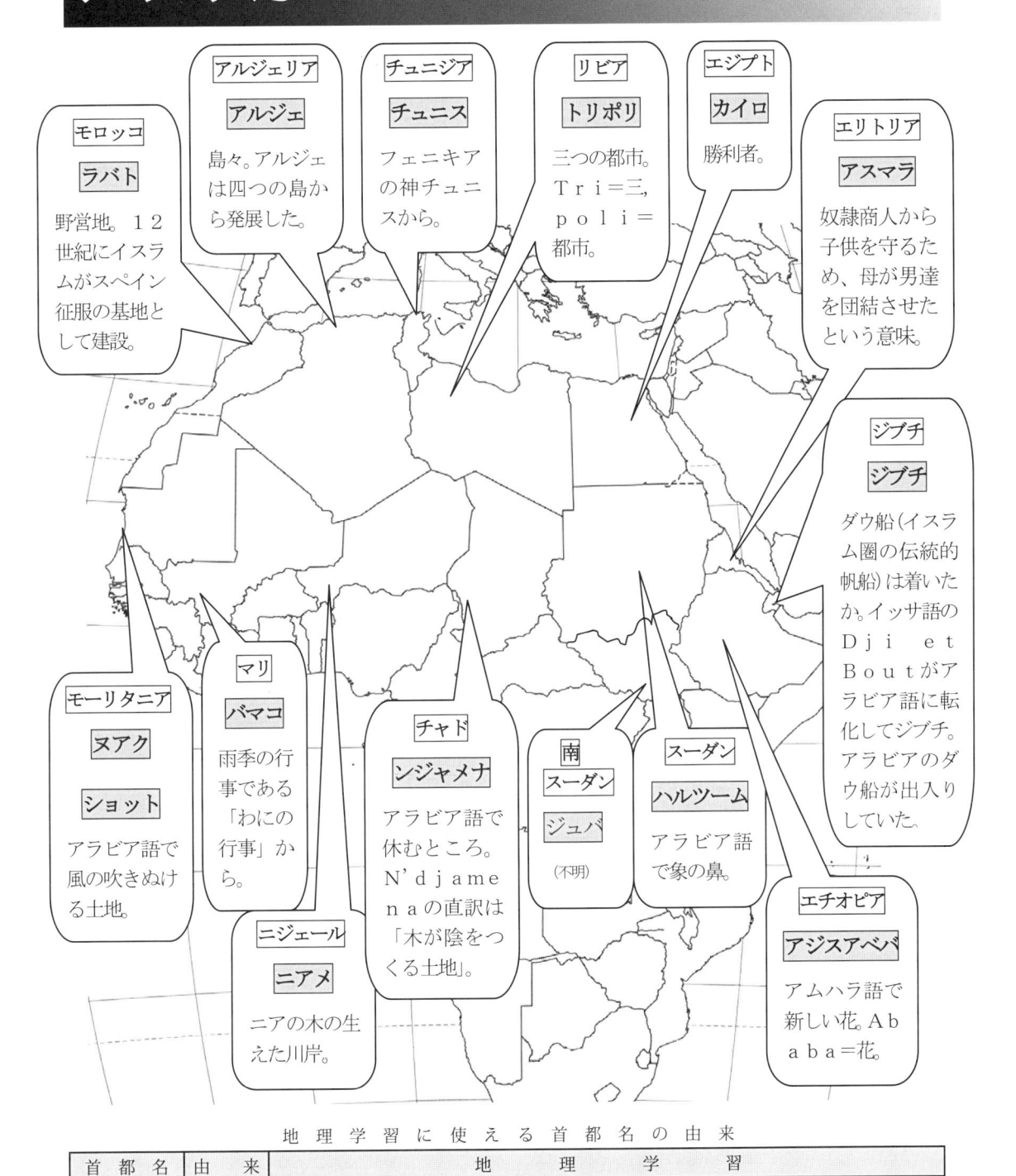

モロッコ / ラバト
野営地。12世紀にイスラムがスペイン征服の基地として建設。

アルジェリア / アルジェ
島々。アルジェは四つの島から発展した。

チュニジア / チュニス
フェニキアの神チュニスから。

リビア / トリポリ
三つの都市。Tri＝三，poli＝都市。

エジプト / カイロ
勝利者。

エリトリア / アスマラ
奴隷商人から子供を守るため、母が男達を団結させたという意味。

ジブチ / ジブチ
ダウ船(イスラム圏の伝統的帆船)は着いたか。イッサ語のDji et Boutがアラビア語に転化してジブチ。アラビアのダウ船が出入りしていた。

モーリタニア / ヌアクショット
アラビア語で風の吹きぬける土地。

マリ / バマコ
雨季の行事である「わにの行事」から。

ニジェール / ニアメ
ニアの木の生えた川岸。

チャド / ンジャメナ
アラビア語で休むところ。N'djamenaの直訳は「木が陰をつくる土地」。

南スーダン / ジュバ
(不明)

スーダン / ハルツーム
アラビア語で象の鼻。

エチオピア / アジスアベバ
アムハラ語で新しい花。Ababa＝花。

地理学習に使える首都名の由来

首都名	由来	地理学習
ハルツーム	象の鼻	ハルツームの南には、白ナイル川と青ナイル川に挟まれた細長い土地があり、その土地を「象の鼻」と呼んでいる。白ナイル川は赤道直下のヴィクトリア湖を水源に、青ナイル川はエチオピアのタナ湖を水源とする。両水源とも夏に雨が多く、ナイル川の水量は夏に増加する。

アフリカ　首都名・その由来その2

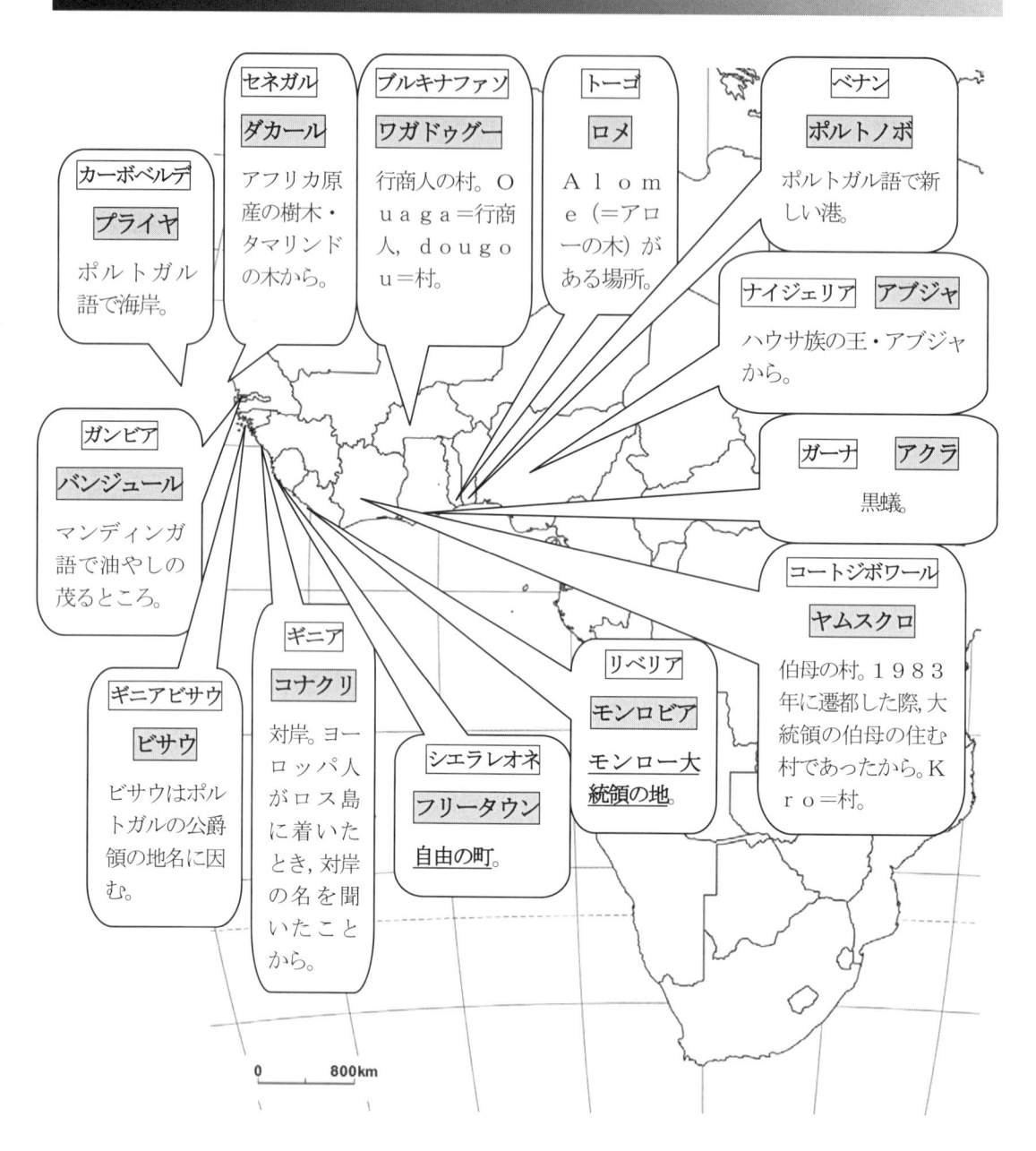

カーボベルデ　プライヤ
ポルトガル語で海岸。

セネガル　ダカール
アフリカ原産の樹木・タマリンドの木から。

ブルキナファソ　ワガドゥグー
行商人の村。Ouaga＝行商人，dougou＝村。

トーゴ　ロメ
Alome（＝アローの木）がある場所。

ベナン　ポルトノボ
ポルトガル語で新しい港。

ナイジェリア　アブジャ
ハウサ族の王・アブジャから。

ガーナ　アクラ
黒蟻。

ガンビア　バンジュール
マンディンガ語で油やしの茂るところ。

ギニアビサウ　ビサウ
ビサウはポルトガルの公爵領の地名に因む。

ギニア　コナクリ
対岸。ヨーロッパ人がロス島に着いたとき，対岸の名を聞いたことから。

シエラレオネ　フリータウン
自由の町。

リベリア　モンロビア
モンロー大統領の地。

コートジボワール　ヤムスクロ
伯母の村。1983年に遷都した際，大統領の伯母の住む村であったから。Kro＝村。

地理学習に使える首都名の由来

首都名	由来	地理学習
モンロビア	モンロー大統領の地	1822年、アメリカ大統領モンローの支援により、アメリカ合衆国の解放奴隷がリベリアを建国し、首都を「モンロビア」とした。
フリータウン	自由の町	1787年、イギリスの弁護士グランビル・シャープが、アメリカ合衆国や西インド諸島の解放奴隷のために建国し、首都をフリータウン＝「自由の町」とした。

意味のある首都名っておもしろい

第5章 首都名・その由来と地理学習　99

アフリカ　首都名・その由来その3

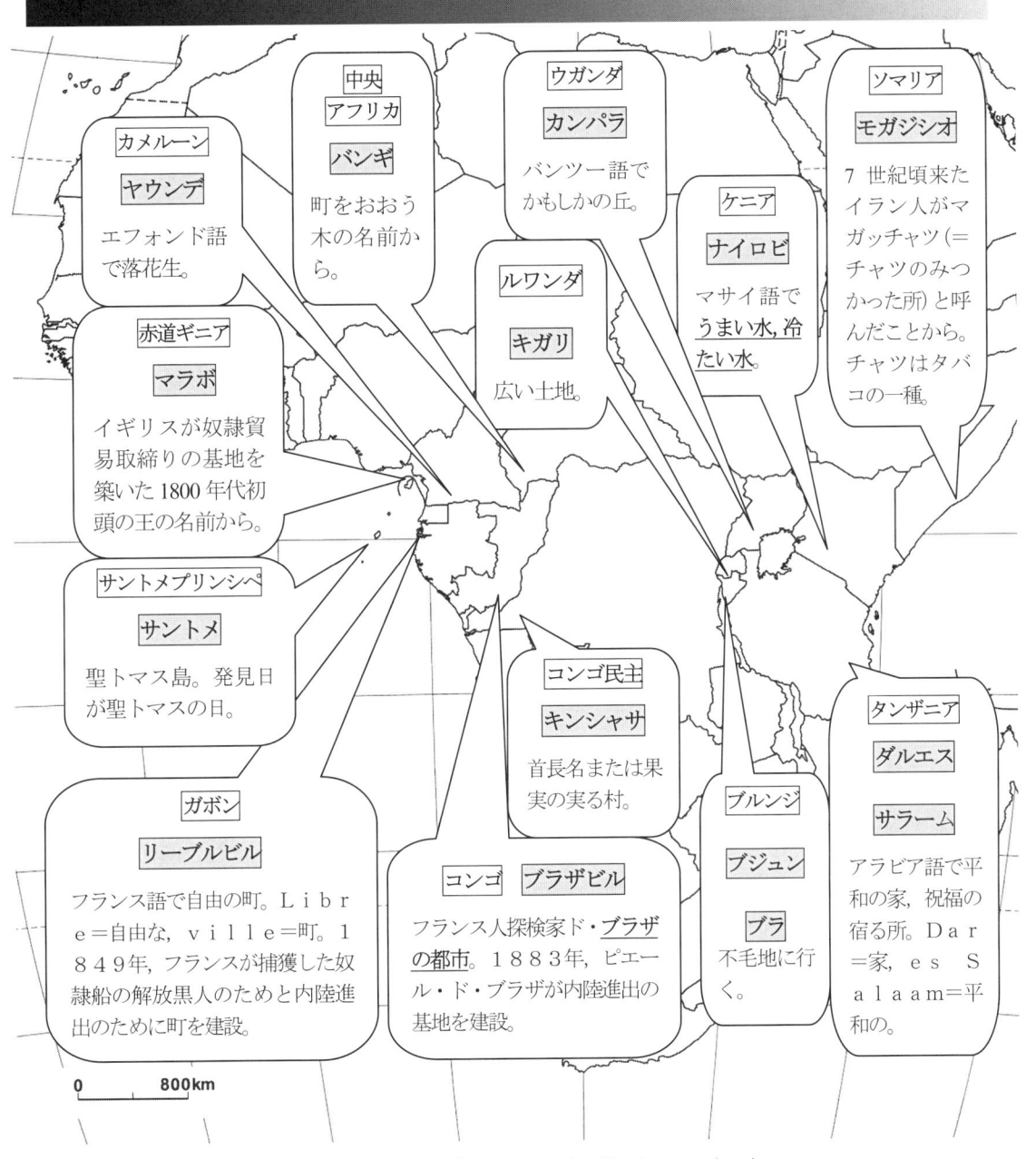

カメルーン　ヤウンデ
エフォンド語で落花生。

中央アフリカ　バンギ
町をおおう木の名前から。

ウガンダ　カンパラ
バンツー語でかもしかの丘。

ソマリア　モガジシオ
7世紀頃来たイラン人がマガッチャツ(＝チャツのみつかった所)と呼んだことから。チャツはタバコの一種。

ケニア　ナイロビ
マサイ語でうまい水,冷たい水。

ルワンダ　キガリ
広い土地。

赤道ギニア　マラボ
イギリスが奴隷貿易取締りの基地を築いた1800年代初頭の王の名前から。

サントメプリンシペ　サントメ
聖トマス島。発見日が聖トマスの日。

コンゴ民主　キンシャサ
首長名または果実の実る村。

タンザニア　ダルエスサラーム
アラビア語で平和の家,祝福の宿る所。Dar＝家, es Salaam＝平和の。

ガボン　リーブルビル
フランス語で自由の町。Libre＝自由な, ville＝町。1849年,フランスが捕獲した奴隷船の解放黒人のためと内陸進出のために町を建設。

コンゴ　ブラザビル
フランス人探検家ド・ブラザの都市。1883年,ピエール・ド・ブラザが内陸進出の基地を建設。

ブルンジ　ブジュンブラ
不毛地に行く。

0　800km

地理学習に使える首都名の由来

首都名	由来	地理学習
ナイロビ	冷たい水	ナイロビは、赤道近くに位置するが、標高が約1600mの高地であることから、気候は比較的冷涼である。イギリスは、1899年のウガンダ鉄道建設時に、清潔で豊富な水があること、高原でさわやかであることなどから給水および補修の拠点をナイロビにした。
ブラザビル	ブラザの都市	コンゴ共和国は、ブラザがフランス人であったことからフランスの植民地となり、公用語はフランス語である。また、コンゴ民主共和国はベルギーの植民地となったが、ベルギーのワロン地域の影響が強く、公用語はフランス語である。

アフリカ　首都名・その由来その4

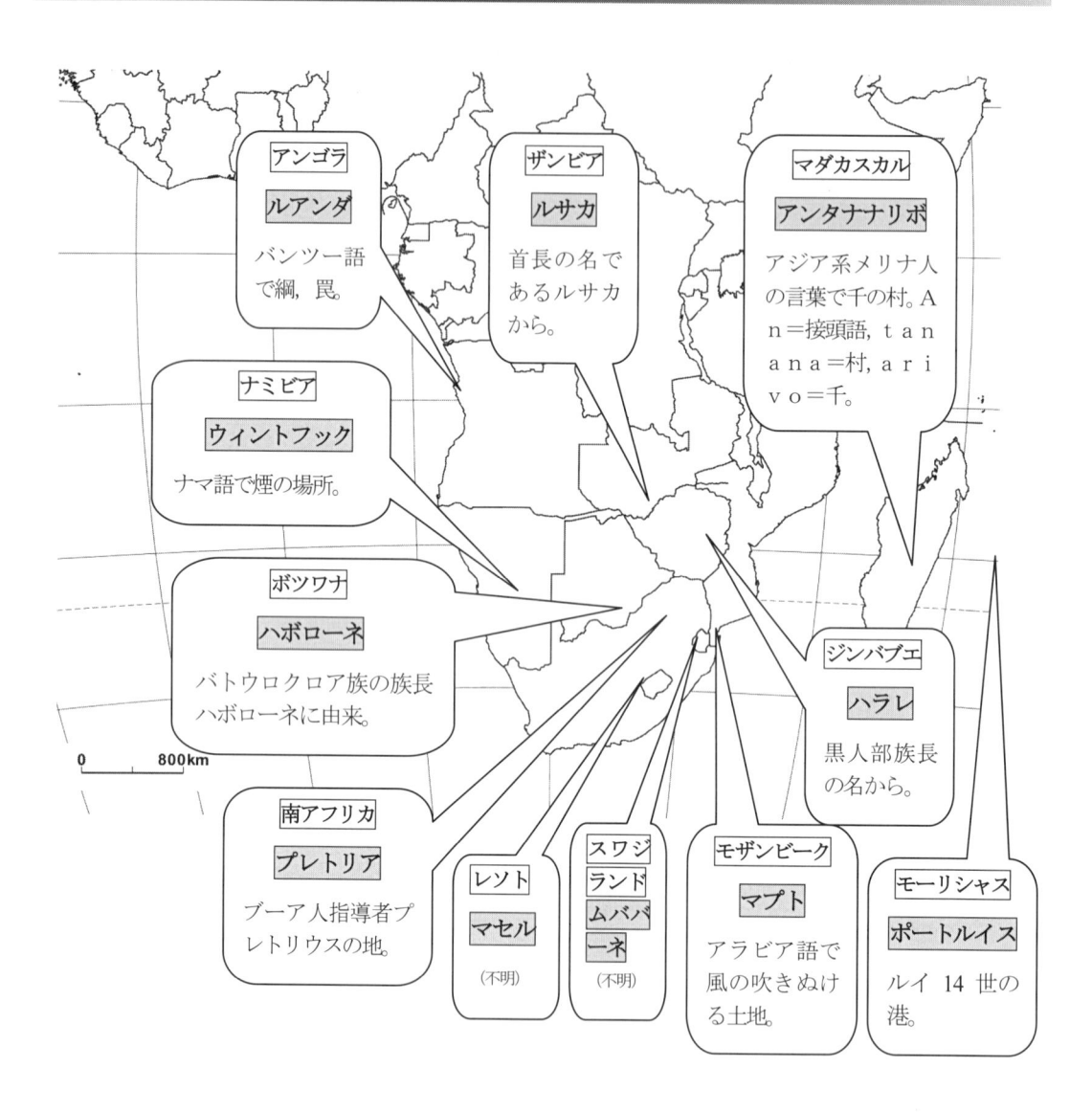

アンゴラ / ルアンダ
バンツー語で綱, 罠。

ザンビア / ルサカ
首長の名であるルサカから。

マダガスカル / アンタナナリボ
アジア系メリナ人の言葉で千の村。An＝接頭語, tana＝村, arivo＝千。

ナミビア / ウィントフック
ナマ語で煙の場所。

ボツワナ / ハボローネ
バトウロクロア族の族長ハボローネに由来。

ジンバブエ / ハラレ
黒人部族長の名から。

南アフリカ / プレトリア
ブーア人指導者プレトリウスの地。

レソト / マセル
（不明）

スワジランド / ムババーネ
（不明）

モザンビーク / マプト
アラビア語で風の吹きぬける土地。

モーリシャス / ポートルイス
ルイ14世の港。

意味のある首都名っておもしろい

第5章　首都名・その由来と地理学習　101

ヨーロッパ　首都名・その由来その1

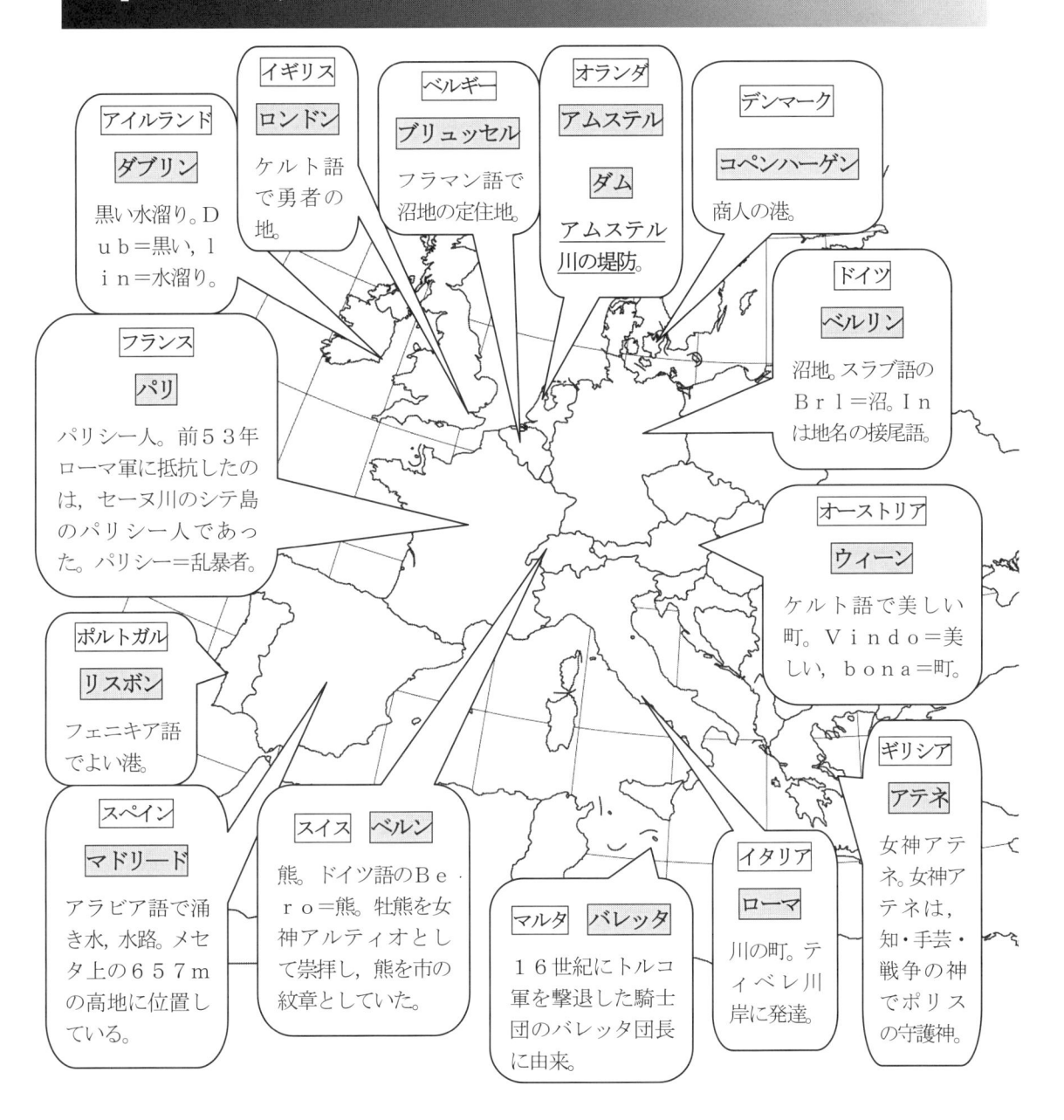

アイルランド　ダブリン
黒い水溜り。Dub＝黒い，lin＝水溜り。

イギリス　ロンドン
ケルト語で勇者の地。

ベルギー　ブリュッセル
フラマン語で沼地の定住地。

オランダ　アムステルダム
アムステル川の堤防。

デンマーク　コペンハーゲン
商人の港。

ドイツ　ベルリン
沼地。スラブ語のBrl＝沼。Inは地名の接尾語。

フランス　パリ
パリシー人。前53年ローマ軍に抵抗したのは，セーヌ川のシテ島のパリシー人であった。パリシー＝乱暴者。

オーストリア　ウィーン
ケルト語で美しい町。Vindo＝美しい，bona＝町。

ポルトガル　リスボン
フェニキア語でよい港。

ギリシア　アテネ
女神アテネ。女神アテネは，知・手芸・戦争の神でポリスの守護神。

スペイン　マドリード
アラビア語で涌き水，水路。メセタ上の657mの高地に位置している。

スイス　ベルン
熊。ドイツ語のBero＝熊。牡熊を女神アルティオとして崇拝し，熊を市の紋章としていた。

マルタ　バレッタ
16世紀にトルコ軍を撃退した騎士団のバレッタ団長に由来。

イタリア　ローマ
川の町。ティベレ川岸に発達。

地理学習に使える首都名の由来

首都名	由来	地理学習
アムステルダム	アムステル川の堤防	オランダの国土の約1/4が海面下に位置し、堤防に囲まれた低地である。それらは、干拓地でポルダーと呼ばれる。1933年ゾイデル海を堤防で締め切り、アイセル湖を誕生させ、その中に4つの大干拓地を造成した。

ヨーロッパ　首都名の由来その2

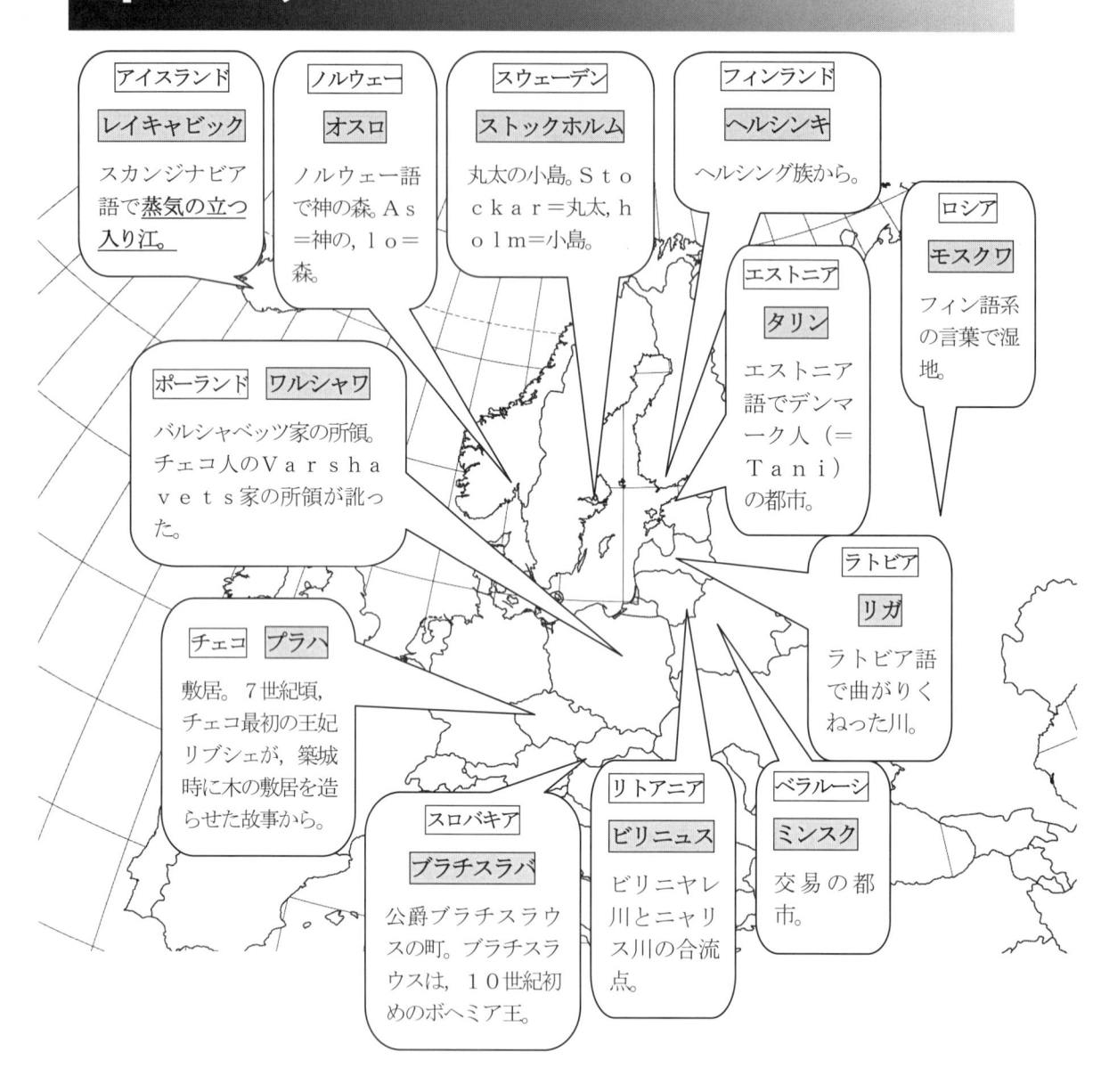

アイスランド　レイキャビック
スカンジナビア語で蒸気の立つ入り江。

ノルウェー　オスロ
ノルウェー語で神の森。As＝神の，lo＝森。

スウェーデン　ストックホルム
丸太の小島。Stockar＝丸太，holm＝小島。

フィンランド　ヘルシンキ
ヘルシング族から。

ロシア　モスクワ
フィン語系の言葉で湿地。

エストニア　タリン
エストニア語でデンマーク人（＝Tani）の都市。

ポーランド　ワルシャワ
バルシャベッツ家の所領。チェコ人のVarshavets家の所領が訛った。

ラトビア　リガ
ラトビア語で曲がりくねった川。

チェコ　プラハ
敷居。7世紀頃，チェコ最初の王妃リブシェが，築城時に木の敷居を造らせた故事から。

スロバキア　ブラチスラバ
公爵ブラチスラウスの町。ブラチスラウスは，10世紀初めのボヘミア王。

リトアニア　ビリニュス
ビリニヤレ川とニャリス川の合流点。

ベラルーシ　ミンスク
交易の都市。

地理学習に使える首都名の由来

首都名	由来	地理学習
レイキャビック	蒸気の立つ入江	最初の上陸者が、入江から立ち昇る温泉の湯気を炎の煙と間違えてつけた。大西洋中央海嶺上に位置しているため、火山活動が活発で、温泉も多く見られる。地震はやや多い程度。

意味のある首都名っておもしろい

第5章 首都名・その由来と地理学習　103

ヨーロッパ　首都名・その由来 その3

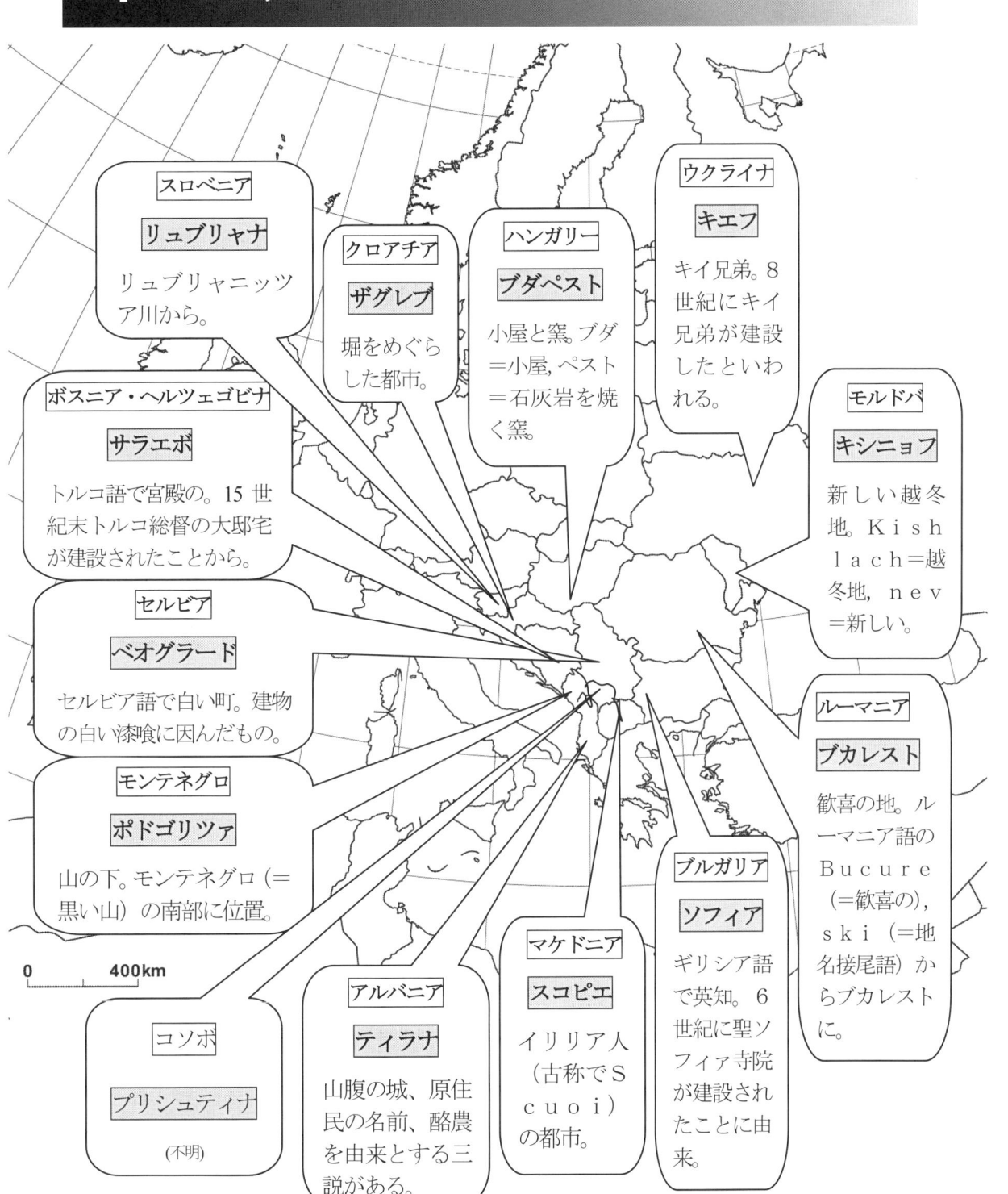

スロベニア
リュブリャナ
リュブリャニッツア川から。

クロアチア
ザグレブ
堀をめぐらした都市。

ハンガリー
ブダペスト
小屋と窯。ブダ＝小屋，ペスト＝石灰岩を焼く窯。

ウクライナ
キエフ
キイ兄弟。8世紀にキイ兄弟が建設したといわれる。

ボスニア・ヘルツェゴビナ
サラエボ
トルコ語で宮殿の。15世紀末トルコ総督の大邸宅が建設されたことから。

モルドバ
キシニョフ
新しい越冬地。Kishlach＝越冬地，nev＝新しい。

セルビア
ベオグラード
セルビア語で白い町。建物の白い漆喰に因んだもの。

モンテネグロ
ポドゴリツァ
山の下。モンテネグロ（＝黒い山）の南部に位置する。

ルーマニア
ブカレスト
歓喜の地。ルーマニア語のBucure（＝歓喜の），ski（＝地名接尾語）からブカレストに。

0　400km

コソボ
プリシュティナ
（不明）

アルバニア
ティラナ
山腹の城、原住民の名前、酪農を由来とする三説がある。

マケドニア
スコピエ
イリリア人（古称でScuoi）の都市。

ブルガリア
ソフィア
ギリシア語で英知。6世紀に聖ソフィア寺院が建設されたことに由来。

カフカス諸国　首都名・その由来

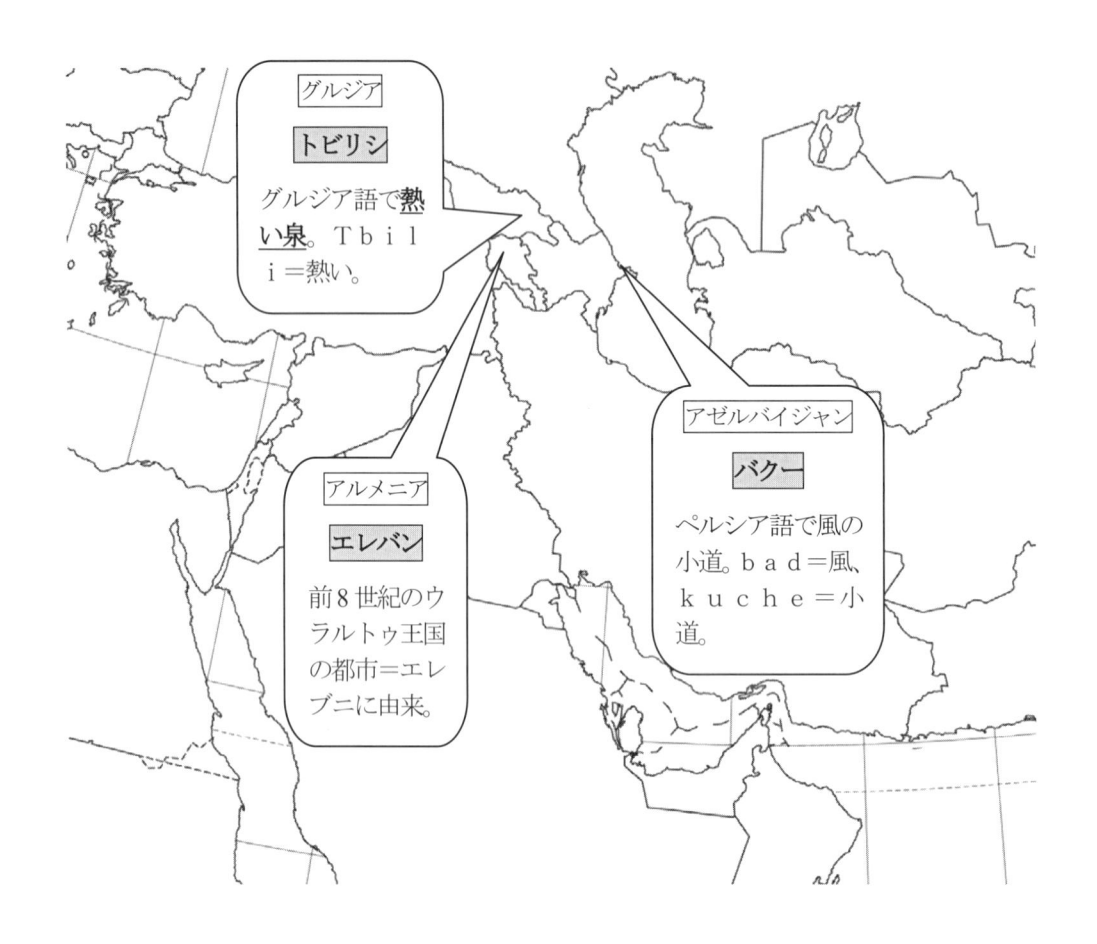

グルジア
トビリシ
グルジア語で熱い泉。Tbili＝熱い。

アルメニア
エレバン
前8世紀のウラルトゥ王国の都市＝エレブニに由来。

アゼルバイジャン
バクー
ペルシア語で風の小道。bad＝風、kuche＝小道。

地理学習に使える首都名の由来

首都名	由来	地理学習
トビリシ	熱い泉	トビリシは、カフカス山脈の南側に位置する。カフカス山脈は、黒海とカスピ海との間にある新期造山帯のアルプス・ヒマラヤ造山帯に属する山脈で、地震が多く発生し、多くの温泉が見られる。

意味のある首都名っておもしろい

第5章　首都名・その由来と地理学習　105

北アメリカ　首都名・その由来その1

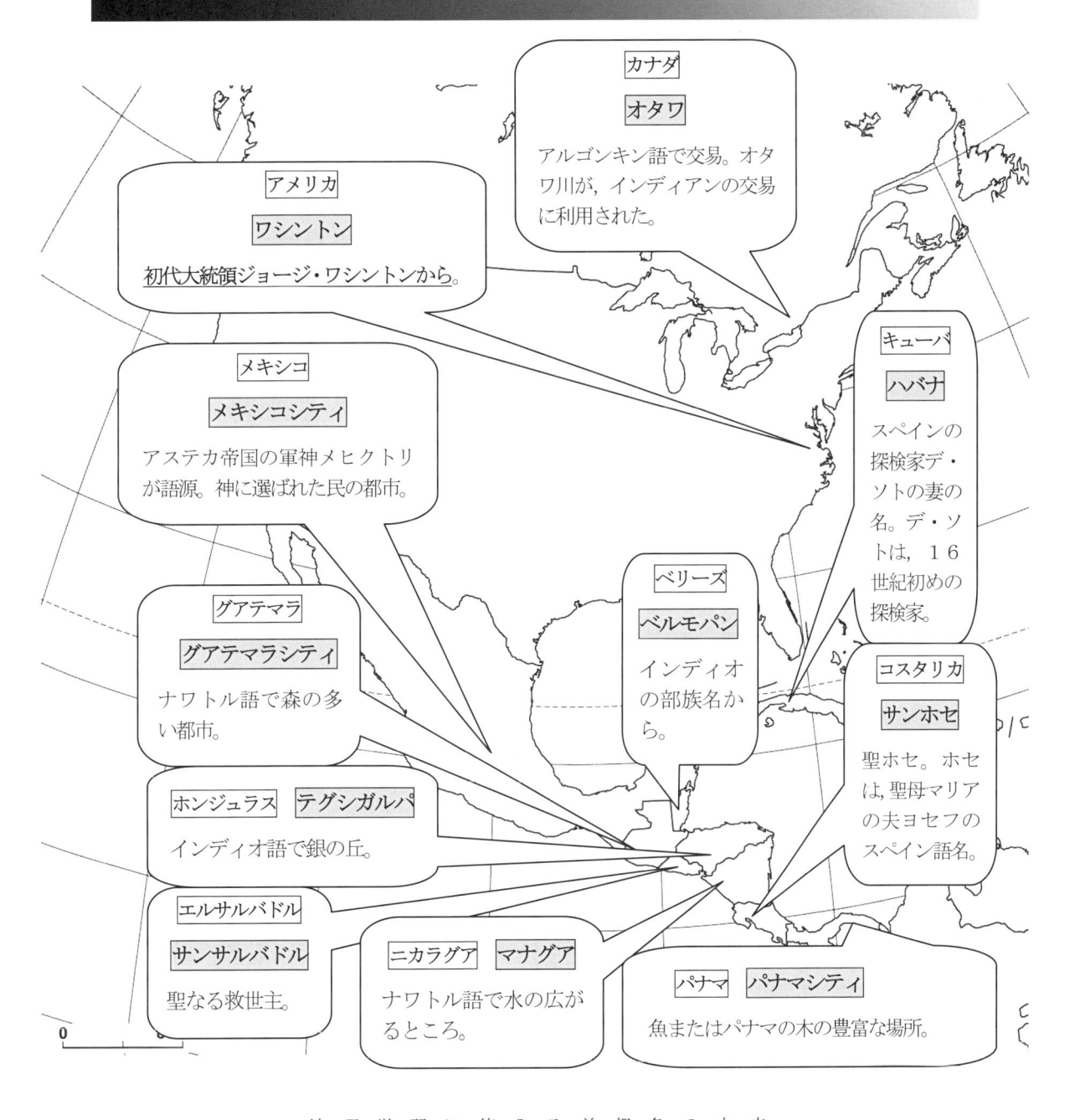

カナダ / オタワ
アルゴンキン語で交易。オタワ川が、インディアンの交易に利用された。

アメリカ / ワシントン
初代大統領ジョージ・ワシントンから。

メキシコ / メキシコシティ
アステカ帝国の軍神メヒクトリが語源。神に選ばれた民の都市。

キューバ / ハバナ
スペインの探検家デ・ソトの妻の名。デ・ソトは、16世紀初めの探検家。

グアテマラ / グアテマラシティ
ナワトル語で森の多い都市。

ベリーズ / ベルモパン
インディオの部族名から。

コスタリカ / サンホセ
聖ホセ。ホセは、聖母マリアの夫ヨセフのスペイン語名。

ホンジュラス / テグシガルパ
インディオ語で銀の丘。

エルサルバドル / サンサルバドル
聖なる救世主。

ニカラグア / マナグア
ナワトル語で水の広がるところ。

パナマ / パナマシティ
魚またはパナマの木の豊富な場所。

地理学習に使える首都名の由来

首都名	由来	地理学習
ワシントン	初代大統領ジョージ・ワシントンから	首都ワシントンDCとワシントン州は、初代大統領ワシントンに因んで命名された。ワシントン州にはコロンビア川があることから、ワシントン州をコロンビアと呼ぶこともある。ワシントン州住民は、州を「ワシントン」、首都は「ワシントンDC」あるいは「DC」と呼んでいる。

北アメリカ　首都名・その由来その2

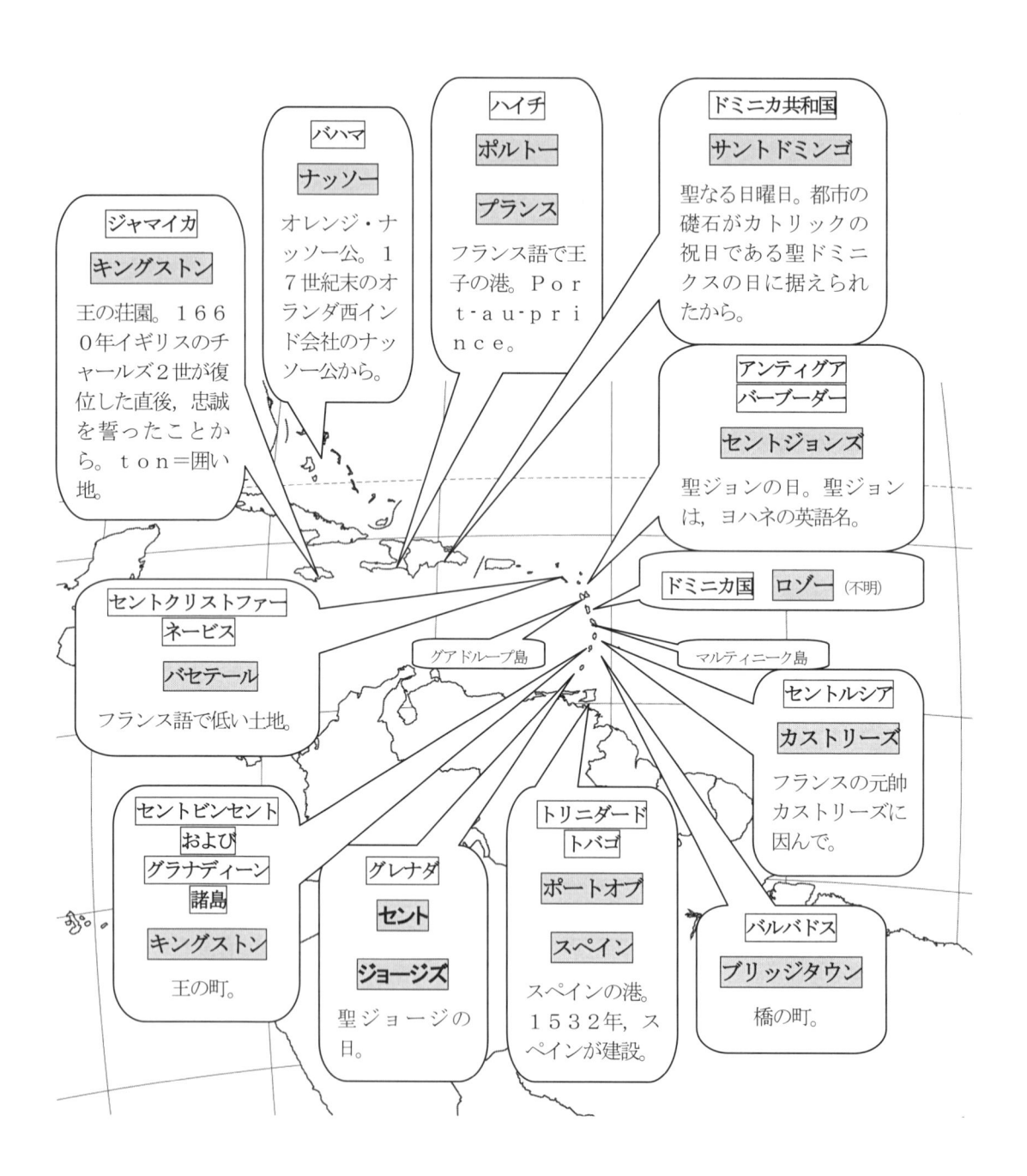

ジャマイカ / キングストン
王の荘園。1660年イギリスのチャールズ2世が復位した直後，忠誠を誓ったことから。ton＝囲い地。

バハマ / ナッソー
オレンジ・ナッソー公。17世紀末のオランダ西インド会社のナッソー公から。

ハイチ / ポルトープランス
フランス語で王子の港。Port-au-prince。

ドミニカ共和国 / サントドミンゴ
聖なる日曜日。都市の礎石がカトリックの祝日である聖ドミニクスの日に据えられたから。

アンティグア バーブーダ / セントジョンズ
聖ジョンの日。聖ジョンは，ヨハネの英語名。

ドミニカ国 / ロゾー (不明)

セントクリストファー ネービス / バセテール
フランス語で低い土地。

セントルシア / カストリーズ
フランスの元帥カストリーズに因んで。

グアドループ島　マルティニーク島

セントビンセントおよびグラナディーン諸島 / キングストン
王の町。

グレナダ / セントジョージズ
聖ジョージの日。

トリニダードトバゴ / ポートオブスペイン
スペインの港。1532年，スペインが建設。

バルバドス / ブリッジタウン
橋の町。

意味のある首都名っておもしろい

第5章 首都名・その由来と地理学習　107

南アメリカ　首都名・その由来

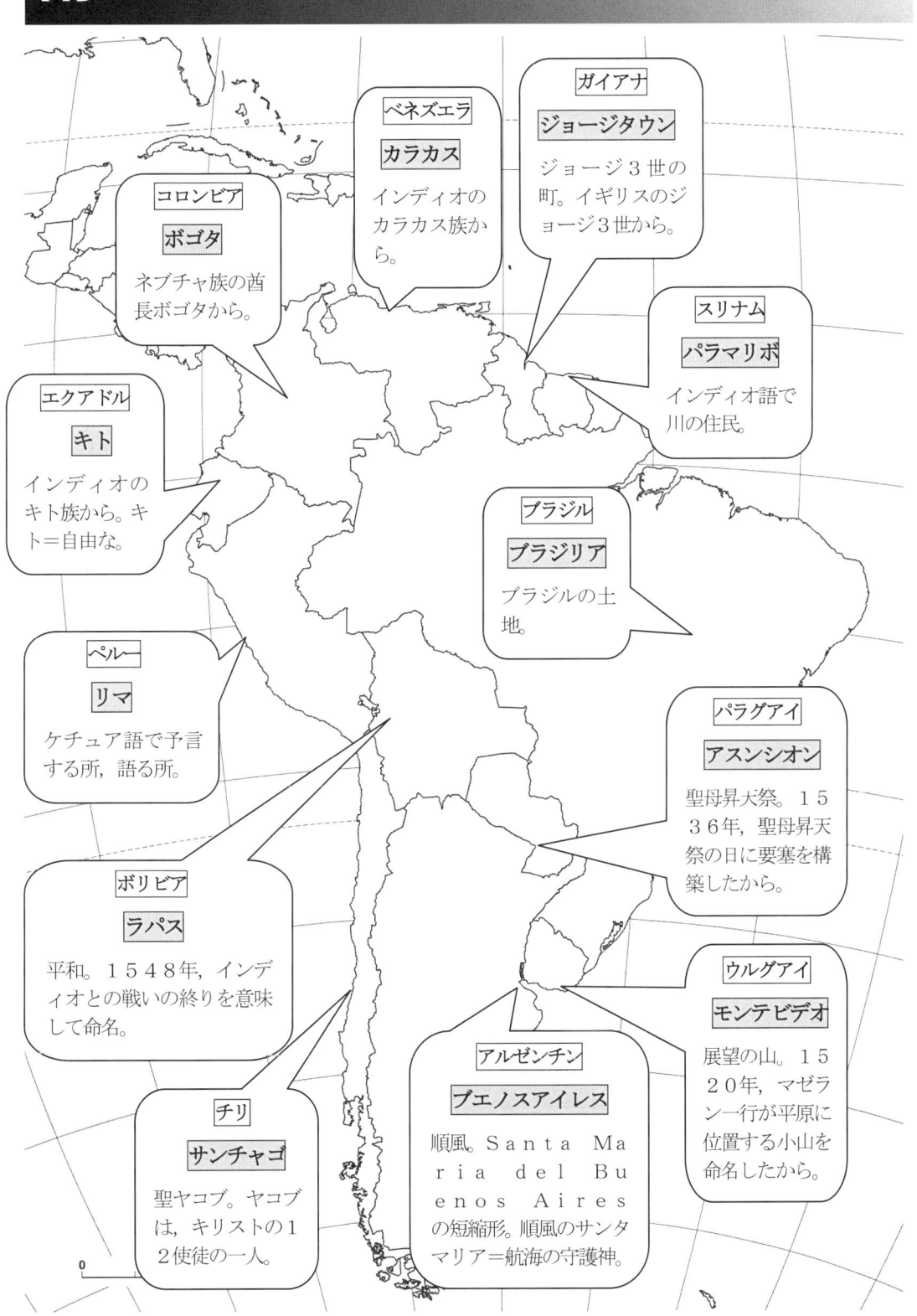

コロンビア／ボゴタ
ネブチャ族の酋長ボゴタから。

ベネズエラ／カラカス
インディオのカラカス族から。

ガイアナ／ジョージタウン
ジョージ3世の町。イギリスのジョージ3世から。

スリナム／パラマリボ
インディオ語で川の住民。

エクアドル／キト
インディオのキト族から。キト＝自由な。

ブラジル／ブラジリア
ブラジルの土地。

ペルー／リマ
ケチュア語で予言する所，語る所。

パラグアイ／アスンシオン
聖母昇大祭。1536年，聖母昇天祭の日に要塞を構築したから。

ボリビア／ラパス
平和。1548年，インディオとの戦いの終りを意味して命名。

ウルグアイ／モンテビデオ
展望の山。1520年，マゼラン一行が平原に位置する小山を命名したから。

チリ／サンチャゴ
聖ヤコブ。ヤコブは，キリストの12使徒の一人。

アルゼンチン／ブエノスアイレス
順風。Santa Maria del Buenos Airesの短縮形。順風のサンタマリア＝航海の守護神。

オセアニア　首都名・その由来

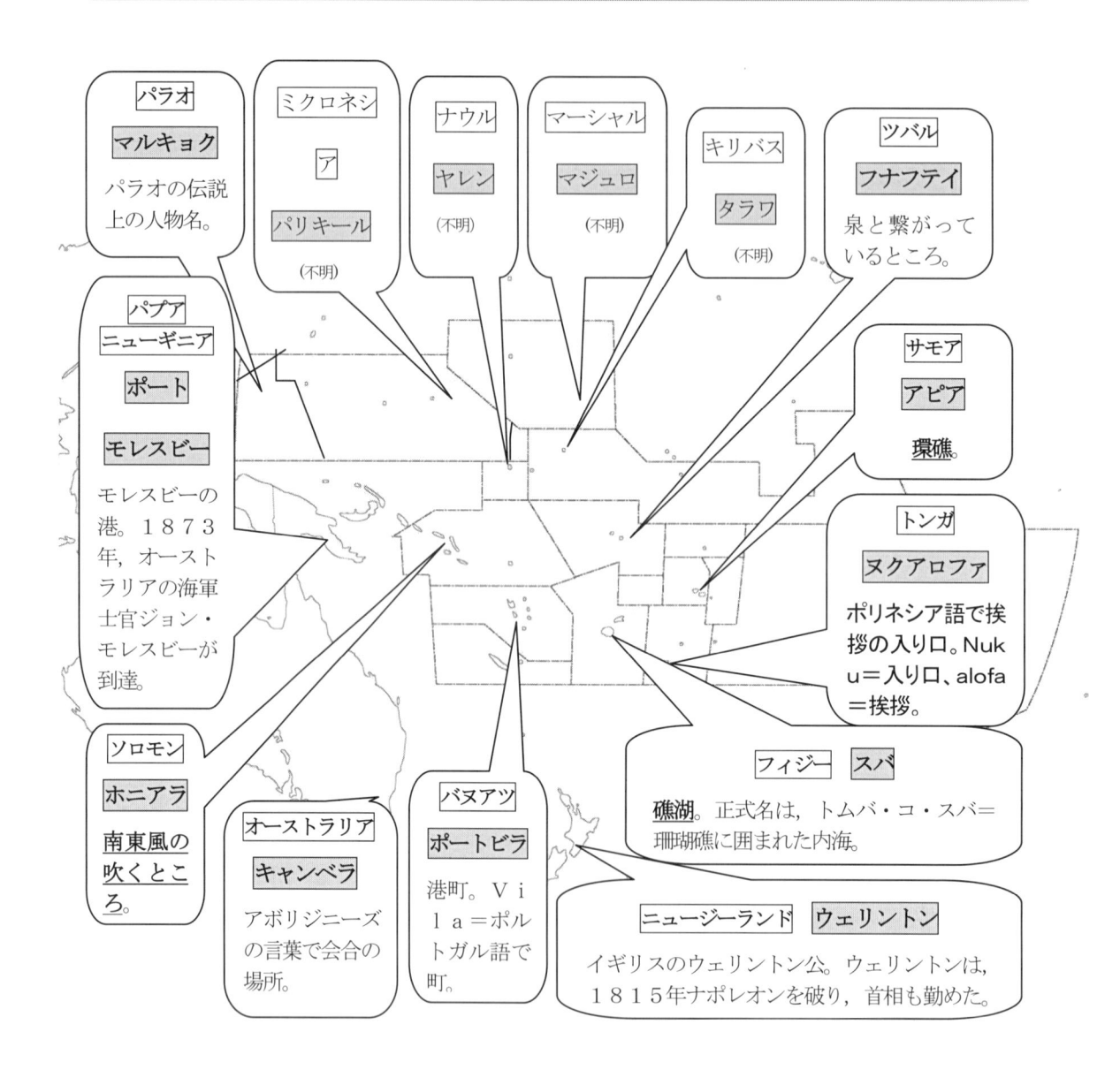

パラオ — マルキョク：パラオの伝説上の人物名。

ミクロネシア — パリキール（不明）

ナウル — ヤレン（不明）

マーシャル — マジュロ（不明）

キリバス — タラワ（不明）

ツバル — フナフティ：泉と繋がっているところ。

パプアニューギニア — ポートモレスビー：モレスビーの港。1873年、オーストラリアの海軍士官ジョン・モレスビーが到達。

サモア — アピア：環礁。

トンガ — ヌクアロファ：ポリネシア語で挨拶の入り口。Nuku＝入り口、alofa＝挨拶。

ソロモン — ホニアラ：南東風の吹くところ。

オーストラリア — キャンベラ：アボリジニーズの言葉で会合の場所。

バヌアツ — ポートビラ：港町。Vila＝ポルトガル語で町。

フィジー — スバ：礁湖。正式名は、トムバ・コ・スバ＝珊瑚礁に囲まれた内海。

ニュージーランド — ウェリントン：イギリスのウェリントン公。ウェリントンは、1815年ナポレオンを破り、首相も勤めた。

地理学習に使える首都名の由来

首都名	由来	地理学習
ホニアラ	南東風の吹くところ	南半球で、赤道に近い地域であることから、南東貿易風が卓越している。北東風でないことに注目。
アピア	環礁	オセアニアには、サンゴ礁が発達している地域が多い。特に、オーストラリア北東部の海は、大堡礁(グレートバリアリーフ)と呼ばれ 堡礁が発達している。また、サモアやフィジーでは、環礁が発達している。サンゴの繁殖条件は、海水温25～30℃、塩分濃度3～4％、水深30m程度のきれいな海である。日本でも、南西諸島などにサンゴ礁がある。
スバ	礁湖	

（90pからつづく）　　第30回オリンピック2012年ロンドン開会式予想入場順その4

	国名 地域名（網）	略称	正式国名と国名の由来（☆） クイズとゴロで覚える国名と位置（★） 紛らわしい国名と位置（※） 掲載ページ
130	ミャンマー	MYA	☆73 p、★2 p
131	ナミビア	NAM	☆81 p、★22 p
132	ニカラグア	NCA	☆86 p、★34 p
133	オランダ	NED	☆82 p、★26 p
134	ネパール	NEP	☆74 p、★5 p
135	ナイジェリア	NGR	☆79 p、★20 p
136	ニジェール	NIG	☆78 p、★16 p
137	ノルウェー	NOR	☆83 p、★27 p
138	ナウル	NRU	☆89 p、★38、39 p
139	ニュージーランド	NZL	☆89 p
140	オマーン	OMA	☆76 p、★13 p
141	パキスタン	PAK	☆74 p、★7 p
142	パナマ	PAN	☆86 p、★34 p、※46 p
143	パラグアイ	PAR	☆88 p、　　　※46 p
144	ペルー	PER	☆88 p
145	フィリピン	PHI	☆73 p
146	パレスチナ	PLE	
147	パラオ	PLW	☆89 p、★38、39 p
148	パプアニューギニア	PNG	☆89 p、★38 p
149	ポーランド	POL	☆83 p、★30 p
150	ポルトガル	POR	☆82 p
151	北朝鮮	PRK	☆72 p
152	プエルトリコ（アメリカ領）	PUR	
153	カタール	QTA	☆76 p、★12 p
154	ルーマニア	ROM	☆84 p、★32 p
155	南アフリカ	RSA	☆81 p、★24 p
156	ロシア	RUS	☆83 p
157	ルワンダ	RWA	☆80 p、★19 p
158	サモア	SAM	☆89 p、★39 p
159	セネガル	SEN	☆79 p、★21 p、※45 p
160	セーシェル	SEY	☆81 p、★25 p
161	シンガポール	SIN	☆73 p、★4 p
162	セントクリストファー・ネイビス	SKN	☆87 p、★36 p
163	シエラレオネ	SLE	☆79 p、★20、21 p
164	スロベニア	SLO	☆84 p、★31 p、※45 p
165	サンマリノ	SMR	★33 P
166	ソロモン	SOL	☆89 p、★39 p
167	ソマリア	SOM	☆80 p、★17 p、※48 p
168	セルビア	SRB	☆84 p、★31 p、※45 p
169	スリランカ	SRI	☆74 p、★25 p
170	サントメプリンシペ	STP	
171	スーダン	SUD	☆78 p、★16 p
172	スイス	SUI	☆82 p、★29 p
173	スリナム	SUR	☆88 p、★37 p
174	スロバキア	SVK	☆83 p、★30 p、※45 p

ロンドン五輪で覚えよう

	国名 地域名（網）	略称	正式国名と国名の由来（☆） クイズとゴロで覚える国名と位置（★） 紛らわしい国名と位置（※） 掲載ページ
175	スウェーデン	SWE	☆ 83 p、★ 27 p
176	スワジランド	SWZ	☆ 81 p、★ 24 p
177	シリア	SYR	☆ 77 p、★ 10、11 p
178	タンザニア	TAN	☆ 80 p、★ 17 p
179	トンガ	TGN	☆ 89 p、★ 40 p
180	タイ	THA	☆ 73 p、★ 2、3 p
181	タジキスタン	TJK	☆ 75 p、★ 8 p
182	トルクメニスタン	TKM	☆ 75 p、★ 8 p
183	東ティモール	TLS	☆ 73 p
184	トーゴ共和国	TOG	☆ 79 p、★ 20 p
185	チャイニーズタイペイ	TPE	
186	トリニダードトバゴ	TRI	☆ 87 p、★ 36 p
187	チュニジア	TUN	☆ 78 p、★ 15 p
188	トルコ	TUR	☆ 77 p、★ 11 p、※ 49 p
189	ツバル	TUV	☆ 89 p、★ 39 p
190	アラブ首長国	UAE	☆ 76 p、★ 12 p
191	ウガンダ	UGA	☆ 80 p、★ 19 p
192	ウクライナ	UKR	☆ 84 p、★ 32 p
193	ウルグアイ	URU	☆ 88 p、　　　　※ 46 p
194	アメリカ	USA	☆ 86 p
195	ウズベキスタン	UZB	☆ 75 p、★ 8 p
196	バヌアツ	VAN	☆ 89 p、★ 40 p
197	ベネズエラ	VEN	☆ 88 p、★ 37 p
198	ベトナム	VIE	☆ 73 p、★ 3 p
199	セントビンセントおよびグラナディーン諸島	VIN	☆ 87 p、★ 36 p
200	イエメン	YEM	☆ 76 p、★ 13 p
201	ザンビア	ZAM	☆ 81 p、★ 23 p
202	ジンバブエ	ZIM	☆ 81 p、★ 23 p
203	イギリス	GBR	☆ 82 p

おわりに

　都立西高校に勤務してから15年が経過した。その間、国名知識の調査・学習を続けてきた。今年の1年生の入学当初国名知識平均国数は、約40か国であった。過去15年間、入学当初国名知識は、文科省の示した1/4～1/3を超えることはなかった。

　今朝（平24.4.20）の新聞には、東ティモールの海底ガス田開発の記事があり、採掘したガスは全量日本向けとのことである。このような小さな国でも、日本との繋がりが強い国がある。国名知識の重要度は一層高まっている。

　前回の出版は退職1年目、今回の出版は教員生活最後の年である。このような時に再版できたのは、前回同様に古今書院関田伸雄氏の、本誌の構成や地図上での表現等のご尽力によるものである。ここに、心より御礼を申し上げる。

平成24年4月20日
八王子の自宅にて矢島舜赱

著者紹介

矢島舜孳　やじま しゅんじ

1947年長野県生まれ。1972年東京教育大学理学部地理学科卒業。東京都清瀬第二中学校、東京都立武蔵村山高等学校、東京都立秋川高等学校、東京都立清瀬高等学校を経て、1998年より2008年まで東京都立西高等学校教諭。現在　東京都立西高等学校非常勤教員　主著書『この一冊で世界の地理がわかる』（分担執筆）三笠書房『世界のくにぐに』（分担執筆）読売新聞社『世界の地理』（分担執筆）朝日新聞社『新地理授業を拓く・創る』（分担執筆）古今書院　『心を揺さぶる地理教材1』（2006分担執筆）『心を揺さぶる地理教材2』（2007分担執筆）『心を揺さぶる地理教材3』（2008澁澤文隆と共編）『心を揺さぶる地理教材4』（2009分担執筆）地理教育講座全4巻（2009分担執筆）『ゴロで丸暗記　世界の国と位置』（2009）古今書院

書　名	クイズとゴロで覚える世界の国名と位置
コード	ISBN978-4-7722-3143-5　C6025
発行日	2012年5月20日　初版第1刷発行
著　者	矢島舜孳
	Copyright ©2012 YAJIMA Shunji
発行者	株式会社古今書院　橋本寿資
印刷所	三美印刷株式会社
製本所	三美印刷株式会社
発行所	古今書院
	〒101-0062　東京都千代田区神田駿河台2-10
WEB	http://www.kokon.co.jp
電　話	03-3291-2757
FAX	03-3233-0303
振　替	00100-8-35340
	検印省略・Printed in Japan